Hallo!

Für mich gibt es kaum etwas Herrlicheres als schöne Sommertage im Chiemgau. Dann spiegelt sich der weißblaue Himmel im Chiemsee, und angesichts der vielen Freizeitmöglichkeiten weiß man gar nicht, wo beginnen. Mit einer der berühmten »Plätten«, jenen etwas behäbig wirkenden Segelbooten (s. S. 40), hinaus auf den See, erst einmal eine Runde schwimmen oder doch lieber eine Dampferfahrt unternehmen? Oder einfach nur an einem Plätzchen am See die Seele baumeln lassen?

DIE BERGE RUFEN

Auch die nahen Berge erscheinen sehr verlockend. Vom Bayerischen Meer, wie die Einheimischen den Chiemsee etwas hochtrabend nennen, ist es nicht weit bis zu Watzmann & Co. In den Chiemgauer Alpen und im Berchtesgadener Land bieten sich ungezählte Wandermöglichkeiten aller Schwierigkeitsgrade. Hier kann jeder seinen ganz persönlichen Höhenrausch erleben. Im Chiemgau ist die Kampenwand das Wander- und Kletterziel schlechthin. Unser Fotograf Christian Bäck war dort an einem herrlichen Sonnentag unterwegs und kam angesichts der fantastischen Ausblicke ganz begeistert zurück. Einen Eindruck von seinem Wandererlebnis vermitteln die Bilder auf S. 44/45.

HÜTTENZAUBER GENIESSEN

Nach einem steilen (oder auch gemächlichen) Aufstieg belohnt man sich mit der Einkehr in einer Alm- oder Berghütte. Zur zünftigen Brotzeit ist das prächtige Bergpanorama inklusive. Die schönsten Hütten stellt Ihnen unsere Autorin Margit Kohl auf S. 22/23 vor, natürlich hat sie vorab alle Hütten für Sie getestet; in einigen kann man übrigens auch übernachten.
Herzlich

Ihre

Birgit Borowski

Birgit Borowski
Redaktion DuMont Bildatlas

Für die Autorin Margit Kohl liegen die Almen des Chiemgaus fast vor der Haustür ihres Wohnortes München. Wenn der Sommer zur Neige geht, ist dort ihre liebste Zeit. Beste Gelegenheit, sich nach einer Wanderung im höchstgelegenen Hotelpool des Berchtesgadener Landes im Kempinski wieder aufzuwärmen.

Der Watzmann ruft – in Berchtesgaden unüberhörbar.

Von der Kampenwand aus gesehen liegt einem der Chiemsee eindrucksvoll zu Füßen.

Kloster Seeon war jahrhundertelang ein lokales Kulturhighlight.

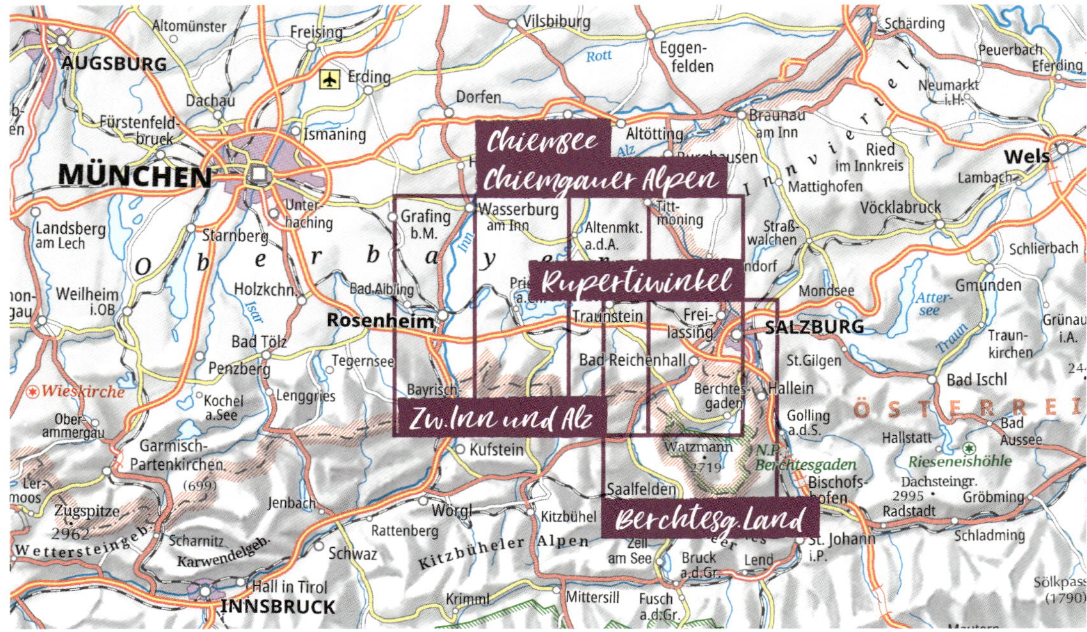

DA HOCKST DI NIEDER!

In Aschau merkt man sofort, dass die Gemeinde ein Herz für Entschleunigungswillige hat. Es gibt mehr als 500 Sitzbänke zum Verweilen; manche sind witzige Themenbänke wie die Quadratratschn-Bank vor dem Rathaus oder das Kaffeeklatsch-Bankerl. Bestimmt findet sich auch daheim ein Lieblingsbankerl mit schöner Aussicht oder eines, um mit anderen zu quatschen.

»ICH BIN ALLEIN. UND WONNETRUNKEN ERGEB ICH MICH DER STILLEN PRACHT UND MEINE BRUST DURCHBEBT DER ZAUBER DER FEIERLICHEN SOMMERNACHT.«

Aus: »Mondnacht am Chiemsee« von Ludwig Thoma

DIE SEELE SCHAUKELN LASSEN

Drei Freunde aus Bischofswiesen haben wiederentdeckt, was sie schon als Buben wussten: Schaukeln macht glücklich! In Handarbeit bauen sie hochwertige, langlebige Schaukeln – die »Hutschn«. Die perfekt gebogene Sitzform aus Eichenholz und die Seile, die bis zu 2,5 Tonnen tragen können, sind handgefertigt (www.hutschn.de).

WÄRMENDES VOM KÄLTEPUNKT

Der Funtensee (1633 m) ist der kälteste Punkt Deutschlands. Von der historischen Funtensee-Brennhütte stammt dagegen etwas, das wärmt: einer der edelsten Enzian-Schnäpse des Hauses Grassl, auf Holzfeuer in einer alten Kupferbrennblase destilliert und sieben Jahre im Felsstollen gereift (www.enzian-grassl.com).

EINE RUNDE SACHE

Es sind wahre Handschmeichler: Murmeln aus Deutschlands letzter Marmorkugelmühle in Marktschellenberg. Schon seit 1683 werden Marmorbrocken aus der Almbachklamm grob behauen und zwischen Schleifsteinen einer Kugelmühle je nach Größe in zwei bis acht Tagen rund geschliffen. Die Marmorkugeln waren schon um die Jahrhundertwende ein beliebtes Spielzeug und sind heute ein originelles Mitbringsel (www.gasthaus-kugelmuehle.de).

DIE WATZMANNPRALINE

Naschen mit Stil: Die Idee zur Praline in Form des Watzmann-Bergmassivs hatte Konditor Wolfgang Spiesberger beim Skifahren mit Blick auf den verschneiten Berg. Nun gibt es die originelle Praline im Cafe Spiesberger im Nationalparkzentrum »Haus der Berge« (www.watzmannpraline.com).

PORTO PORTUGAL NORDEN

Die Schöne am Douro
Lange im Schatten Lissabons hat sich Porto in den letzten Jahren in der ersten Riege der weltweiten Topreiseziele einen Platz gesichert. Und das zu Recht! Sehen Sie selbst!

Mittelalter live
Abseits der Küsten scheint in Nordportugal die Zeit stillzustehen – ein Besuch in den »historischen Dörfern« zwischen Coimbra und Porto ist ein besonderes Erlebnis.

OSTSEEKÜSTE MECK-POMM

Im Zeichen der Hanse
Wir stellen die Stadtschönheiten Rostock, Stralsund, Wismar, Greifswald und Anklam mit ihren Sehenswürdigkeiten ausführlich vor.

Strände ohne Ende ...
... und für jeden Geschmack mit guter Infrastruktur oder ganz naturbelassen. Finden Sie mit Hilfe des DuMont Bildatlas Ihr persönliches Strandparadies.

www.dumontreise.de

LIEFERBARE AUSGABEN

DEUTSCHLAND
207 Allgäu
216 Altmühltal
220 Bayerischer Wald
180 Berlin
162 Bodensee
217 Brandenburg
175 Chiemgau, Berchtesg. Land
237 Dresden, Sächsische Schweiz
152 Eifel, Aachen
157 Elbe und Weser, Bremen
168 Franken
020 Frankfurt, Rhein-Main
112 Freiburg, Basel, Colmar
231 Hamburg
026 Hannover zw. Harz und Heide
042 Harz
023 Leipzig, Halle, Magdeburg
210 Lüneburger Heide
188 Mecklenburgische Seen
038 Mecklenburg-Vorpommern
033 Mosel
190 München
047 Münsterland
223 Nordseeküste Schleswig-Holstein
006 Oberbayern
161 Odenwald, Heidelberg
035 Osnabrücker Land
002 Ostfriesland
164 Ostseeküste Mecklenburg-Vorpommern
154 Ostseeküste Schleswig-Holstein
201 Pfalz
040 Rhein zw. Köln und Mainz
185 Rhön
186 Rügen, Usedom, Hiddensee
206 Ruhrgebiet
149 Saarland
182 Sachsen
159 Schwarzwald Norden
045 Schwarzwald Süden
018 Spreewald, Lausitz
008 Stuttgart, Schwäbische Alb
239 Sylt, Amrum, Föhr
204 Teutoburger Wald
170 Thüringen
037 Weserbergland

BENELUX
156 Amsterdam
011 Flandern, Brüssel
179 Niederlande

FRANKREICH
177 Bretagne
021 Côte d'Azur
032 Elsass
228 Frankreich Südwesten Okzitanien
019 Korsika
213 Normandie
235 Paris
198 Provence

GROSSBRITANNIEN/IRLAND
187 Irland
202 London
189 Schottland
227 Südengland

ITALIEN/MALTA/KROATIEN
181 Apulien, Kalabrien
211 Gardasee
222 Golf von Neapel, Kampanien
163 Istrien, Kvarner Bucht
215 Italien, Norden
233 Kroatische Adria
167 Malta
155 Oberitalienische Seen
158 Piemont, Turin
014 Rom
165 Sardinien
003 Sizilien
203 Südtirol
039 Toskana
232 Venedig, Venetien

GRIECHENLAND/ZYPERN/TÜRKEI
034 Istanbul
016 Kreta
176 Türkische Südküste, Antalya
229 Zypern

MITTEL- UND OSTEUROPA
236 Baltikum
208 Danzig, Ostsee, Masuren
169 Krakau, Breslau, Polen Süden
044 Prag
193 St. Petersburg

ÖSTERREICH/SCHWEIZ
192 Kärnten
004 Salzburger Land
196 Schweiz
226 Tirol
197 Wien

SPANIEN/PORTUGAL
043 Algarve
214 Andalusien
150 Barcelona
025 Gran Canaria, Fuerteventura, Lanzarote
172 Kanarische Inseln
199 Lissabon
209 Madeira
174 Mallorca
225 Porto, Portugal Norden
007 Spanien Norden
219 Teneriffa, La Palma, La Gomera, El Hierro

SKANDINAVIEN/NORDEUROPA
166 Dänemark
212 Finnland
153 Hurtigruten
029 Island
200 Norwegen Norden
178 Norwegen Süden
151 Schweden Süden, Stockholm

LÄNDERÜBERGREIFENDE BÄNDE
224 Donau – Von der Quelle bis zur Mündung
112 Freiburg, Basel, Colmar
221 Kreuzfahrt in der Ostsee

AUSSEREUROPÄISCHE ZIELE
183 Australien Osten, Sydney
109 Australien Süden, Westen
218 Bali, Lombok
195 Costa Rica
234 Dubai, Abu Dhabi, VAE
160 Florida
036 Indien
205 Iran
027 Israel, Palästina
230 Kalifornien
031 Kanada Osten
191 Kanada Westen
171 Kuba
238 Marokko
022 Namibia
194 Neuseeland
041 New York
184 Sri Lanka
048 Südafrika
012 Thailand
046 Vietnam

Impressionen

Das Beste erleben

Berührend, aufregend und spannend …
sind unsere Ideen, die wir für Ihren Aufenthalt im Chiemgau und im Berchtesgadener Land zusammengetragen haben.

Frischer Schwung

*** 1 ***

DAMPFERSCHIFFFAHRT AUF DEM CHIEMSEE

Am stilvollsten mit dem historischen Schaufelraddampfer »Ludwig Fessler«.
Seite 39

*** 2 ***

SALZ IN BAD REICHENHALL

Erlebnis Salz: Gradierhaus, das größte Freiluftinhalatorium der Welt aus Schwarzdornbüschen und Alte Saline.
Seite 77

*** 3 ***

SALZBERGWERK BERCHTESGADEN

Besuch der weitverzweigten unterirdischen Bergwelt mit See unter Tage und Salzheilstollen.
Seite 78

*** 4 ***

BOOTSFAHRT ÜBER DEN KÖNIGSSEE

Natürlich mit Echo und Halt in St. Bartholomä.
Seite 78

*** 5 ***

ALMABTRIEB

Geschmückt kommen die Kühe im Herbst nach einem wunderbaren Sommer in der Höhe von den Almen zurück. Über den Königssee fahren sie sogar mit dem Schiff.
Seite 79

Kulturschönheiten

*** 6 ***

SCHLOSS HERRENCHIEMSEE

Das Prunkschloss Ludwigs II. ist Versailles nachempfunden und besonders eindrucksvoll bei Schlosskonzerten.

Seite 40

*** 7 ***

FRAUENCHIEMSEE

Am schönsten ist die Insel zum Weihnachtsmarkt oder im Sommer bei einem Malkurs im Kloster.

Seite 40

*** 8 ***

WASSERBURG

Ein geschlossenes Altstadtensemble in Inn-Salzach-Architektur, das auf einer vom Inn fast vollständig umflossenen Halbinsel liegt.

Seite 111

Alpine Naturwunder

*** 9 ***

BERGTOUR MIT BÄUERINNEN AUF DIE KAMPENWAND

Hinauf geht's mit kundiger Führung. Von der Kampenwand hat man dann den besten Panoramablick auf Chiemsee und Chiemgau.

Seite 57

*** 10 ***

KÖNIG DER BERGE

Der 2713 m hohe Watzmann ragt im Nationalpark Berchtesgaden auf. Es ist Deutschlands einziger Alpen-Nationalpark.

Seite 79

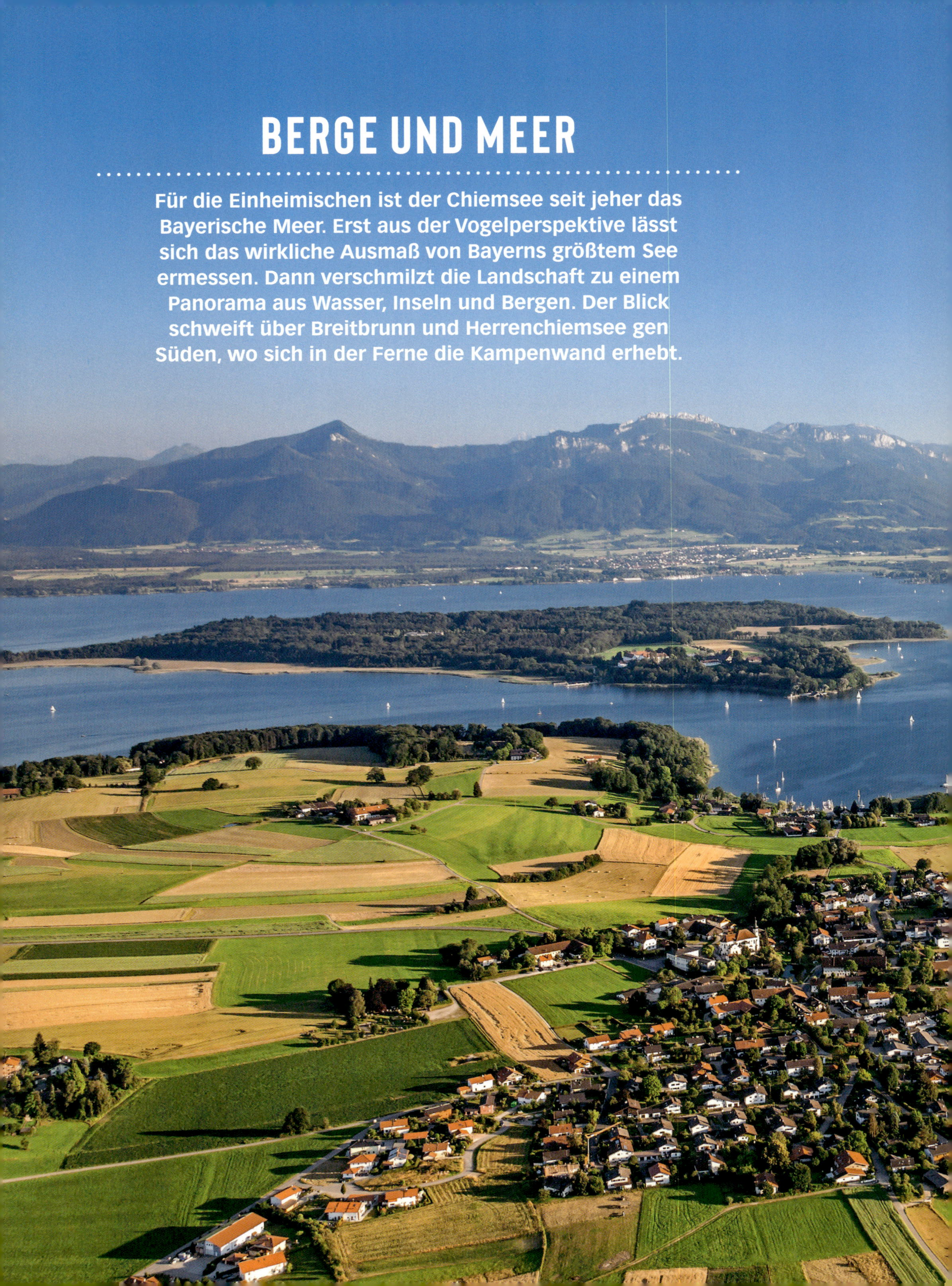

BERGE UND MEER

Für die Einheimischen ist der Chiemsee seit jeher das Bayerische Meer. Erst aus der Vogelperspektive lässt sich das wirkliche Ausmaß von Bayerns größtem See ermessen. Dann verschmilzt die Landschaft zu einem Panorama aus Wasser, Inseln und Bergen. Der Blick schweift über Breitbrunn und Herrenchiemsee gen Süden, wo sich in der Ferne die Kampenwand erhebt.

GIPFELSTÜRMER

Jedes Jahr kommen Tausende Bergsteiger in die Region. Mentale und physische Kondition sind nicht nur für den Aufstieg zur Watzmann-Mittelspitze auf 2713 Meter gefragt, sondern auch für den – nicht zu unterschätzenden – Abstieg.

IM AUGENBLICK VERSINKEN

Welch ein Spektakel, wenn an lauen Sommerabenden Tische und Bänke in den Chiemsee gestellt und die Liegestühle am langen Strand bei Übersee ausgerichtet werden. Nun warten alle darauf, dass die Sonne im See versinkt. In der »Sundownerbar« des Chiemgauhofs kann man besonders gut entspannen.

STEINERNE SÜHNE

Schenkt man der Legende Glauben, war König Watzmann ein barbarischer Herrscher. Als er eine unschuldige Hirtenfamilie niedermetzeln ließ, versteinerten die Götter den Despoten samt seiner Frau und den sieben Kindern. Und so kann man sie als Bergpanorama, etwa von Maria Gern bei Berchtesgaden aus, heute noch sehen: Watzmann-Frau, Kinder und Watzmann-König (von links).

MAXIMUM DER KUNST

Um einen »freien, lebendigen Dialog mit der Kunst« geht es in diesem Museum in Traunreut. Zu verdanken hat der kleine Ort die großartige Sammlung deutscher und amerikanischer Künstler dem Galeristen Heiner Friedrich, der in der ehemaligen Fabrikhalle seines Vaters »Das Maximum« eröffnete. Gezeigt werden Werke der Pop-Art und des Minimalismus, etwa »Fishing Blue« und »Fishing Yellow« von Imi Knoebel.

GLÜCKLICHE HEIMKEHR

Anfang Oktober wird es für die Almkühe Zeit, in die heimischen Ställe zurückzukehren. Sogar eine Bootsfahrt über den Königssee haben diese Kühe von der Saletalm hinter sich, wenn sie zu Hause im Rennerlehen ankommen. Ist der Almsommer glücklich verlaufen, werden die Kühe mit »Fuikln« geschmück: Bis diese Blumenkunstwerke mit bunten Holzspänen fertig sind, legt manche Sennerin Nachtschichten ein.

TS-242

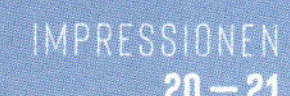

ABENDLICHES INSELIDYLL

Mit den letzten Sonnenstrahlen verlässt auch die letzte Fähre die Fraueninsel. Nun kehrt Ruhe ein. Die Einheimischen sitzen mit den Übernachtungsgästen bei einer kühlen Maß im Biergarten, wo man vom Westufer aus die malerische kleine Krautinsel besonders gut sehen kann. Die zauberhaften Lichtstimmungen haben auch viele Künstler in den Bann gezogen.

Oftmals über den Wolken

HÜTTENZAUBER

Kleine Alm- und Berghütten gehören unverwechselbar zur Kulturlandschaft der Alpen. Nach manch steilem Aufstieg auf den Berggipfel wird man mit einer grandiosen Aussicht und einer leckeren Brotzeit belohnt. Da ist es wunderbar, wenn man hier oben auch gleich übernachten kann.

1 Purtscheller-haus (1692 m)

Eine Hütte – zwei Länder. Mitten durch die Hütte auf dem Hohen Göll verläuft die Staatsgrenze zwischen dem Salzburger Land und Bayern. Besonders mit Ende des Zweiten Welt-kriegs hatte dies große Bedeutung, da kein Grenz-verkehr gestattet war und sich Getrennte nur hier legal treffen konnten. Die Hütte hat das Umweltgüte-siegel des DAV.

13 Zimmer- und 35 Matratzenlager.
Mitte Mai–Mitte Okt.
Aufstieg: vom Ahornkaser etwa 1 Std.
www.purtschellerhaus.de

2 Blaueishütte (1680 m)

Die Blaueishütte liegt am Fuß des Blaueisgletschers, des nördlichsten Gletschers der Alpen und ist ein idealer Ausgangspunkt für Kletter- und Bergtouren im Hochkaltergebiet. Die Hütte ist mit dem Umweltgütesiegel des Deutschen Alpenvereins ausgezeichnet.

40 Betten und 40 Lager.
Mitte Mai–Mitte Okt.
Aufstieg: vom Hintersee in der Ramsau 2,5–3 Std.
www.blaueishuette.de

3 Reichenhaller Haus (1750 m)

Wird auch oft Staufenhaus genannt und ist das höchstgelegene Haus in den Chiemgauer Alpen. Es liegt nur wenige Meter unterhalb des Hochstaufen mit weiter Aussicht über den Chiemsee bis nach Salzburg. Ein besonderes Erlebnis hier oben ist der Sonnenuntergang.

30 Schlafplätze.
Mitte Mai–Mitte Okt.
Aufstieg: von Bad Reichenhall, Padinger Alm 3–4 Std.
www.bad-reichenhall.de/reichenhaller-haus-hoch staufen

4 Gotzenalm (1685 m)

Auf der Gotzenalm stärkt man sich hoch oben über dem Königssee mit einem atemberaubenden Blick hinunter zum See mit St. Bartholomä und der steil aufragenden Watzmann-ostwand gegenüber.

45 Lager, 5 Sechsbett-, 5 Vierbett- und 2 Zweibettzimmer.
Ende Mai–Mitte Okt.
Verschiedene Aufstiege vom Königssee 3–4 Std.
www.gotzenalm.de

5 Piesenhausener Hochalm (1360 m)

Die Alm liegt im Hochplattengebiet Chiemgau mit herrlichem Blick auf Groß-venediger, Großglockner, Kampenwand und das Kaisergebirge. Auf der Jausenstation gibt's Almkäse von Rindern, die hier oben den Sommer verbringen.

Übernachtung nur auf der Niederalm an der Hochplatte (8 Pers.); von hier 1 Std. Fußweg zur Piesenhausener Hochalm.
www.naderbauer.de/wandern-zur-hochalm/

6 Hochgernhaus (1461 m)

Das Hochgernhaus ist ein privates Berghaus unterhalb des Hochgerngipfels. Auf den Wiesen leben Murmeltiere, und es gibt einen fantastischen Ausblick auf die Kampenwand, die Loferer Steinberge, den Wilden Kaiser, den Großglockner, den Großvenediger und die gesamten Hohen Tauern.

Ganzjährig 1 Vierbett-, 3 Dreibett-, 1 Doppelzimmer und 20 Lager.
Aufstieg: von Unterwössen in gut 2 Std.
www.hochgernhaus.de

7 Wasseralm (1423 m)

Die Wasseralm ist eine kleine, besonders urige Hütte hoch über dem Königssee. Sie liegt in der Röth im Steinernen Meer und ist als Schutzhütte zwischen Gotzenalm und Kärlingerhaus konzipiert. Die Alm kann nur per Hubschrauber mit Proviant versorgt werden.

50 Matratzenlager.
Ende Mai–Anf. Okt.;
Winterraum ganzj.
Aufstieg: von Königssee/Salet etwa 3 Std.
http://wasseralm-berchtesgaden.de

8 Stöhrhaus (1894 m)

Auf dem sagenumwobenen Untersberg steht in der Nähe des Berchtesgadener Hochthrons das Stöhrhaus. Von hier hat man einen Rundumblick auf Watzmann, Hochkalter, zum Steinernen Meer und den Hohen Göll.

30 Matratzenlager,
29 Zimmerlager.
Mitte Mai–Mitte Okt.
Aufstieg: über den Stöhrweg von Maria Gern 3,5 bis 4,5 Std.
www.stoehrhaus.de

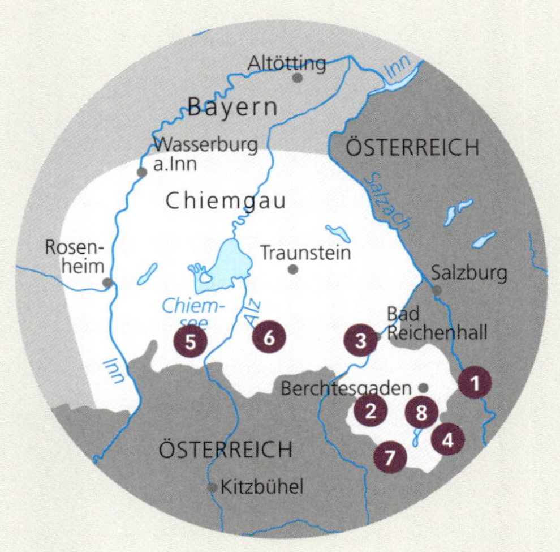

Chiemsee

*

AM BAYERISCHEN MEER

*

Der Chiemsee ist Bayerns größter See und gilt den Chiemgauern sogar als ein Meer – das bayerische eben. Nicht nur Badegäste und Wassersportler lockt das Gewässer an seine Ufer – Maler, Schriftsteller und Könige ließen sich einst ebenfalls in den Bann des Sees ziehen. Auch Frauen- und Herreninsel faszinieren immer wieder neu.

Zum Sonnenuntergang zieht es alle in die Beach Bar des Strandbades Übersee an der Feldwieser Julius-Exter-Promenade.

Kindheitsträume haben meist etwas Unwirkliches. Sich in einem Königsschloss verstecken zum Beispiel, um dann die Nacht heimlich in einem goldenen Prunkbett zu verbringen und morgens von einem Tischlein-deckdich zu schlemmen. Dass vielen Besucherinnen und Besuchern so etwas in den Sinn kommt, wenn sie durch die königlichen Gemächer von Herrenchiemsee streifen – wen wundert's, schließlich ist die Kulisse so irreal wie bombastisch: Ein fast 100 Meter langer Spiegelsaal, in dessen 17 Spiegeln sich das Licht von 1848 Kerzen auf 44 Kandelabern und 33 Lüstern widerspiegelt. Ein Paradeschlafzimmer mit golddurchwirkten Brokatvorhängen, an denen mehr als 20 Stickerinnen sieben Jahre lang gearbeitet haben, obwohl nie jemand darin schlafen sollte. Ein Tischlein-deck-dich mit unsichtbarer Mechanik, damit der König seine Mahlzeiten ohne den ungeliebten Anblick servierender Bediensteter einnehmen konnte. All das sind Räume wie aus einem Märchen. Hier möchte so mancher einmal allein verweilen dürfen.

Für die Bäuerin Anna Meier ist dieser Traum in Erfüllung gegangen. »Einmal leben« heißt der Film, in dem die Chiemgauer Volksschauspielerin Kathi Leitner sich als Bäuerin Anna diesen Traum erfüllt. Kathi Leitner kann sich noch gut an die Dreharbeiten im Schloss

»EIN EWIG RÄTSEL WILL ICH BLEIBEN, MIR UND ANDEREN.«

(König Ludwig II., 1845–1886)

erinnern, und das nicht nur, weil sie für diese Rolle den Bayerischen Fernsehpreis bekommen hat. »Des hamma dem Visconti seinerzeit ned erlaubt«, soll der Schlossaufseher, der auch Viscontis Filmdreh zu »Ludwig II.« auf Herrenchiemsee überwacht hatte, immer wieder aufgeregt wiederholt haben. Gemeint waren Szenen, in denen eine nachtblaue Glaskugel vor Ludwigs Königsbett mit Licht zum Leuchten gebracht wurde oder Kathi

An barocker Prachtentfaltung sollte es nicht fehlen im und um Schloss Herrenchiemsee: Prunktreppenhaus im Südflügel (links oben), königliches Schlafzimmer (links Mitte), Fortunabrunnen vor dem Schloss (links unten) und der gern als Konzertraum genutzte Spiegelsaal (rechts oben). Manche Besucher fahren mit der Kutsche, um vom Schiff zum Schloss zu gelangen (rechts unten).

Zwischen den Booten am Gstadter Ufer des Chiemsees dümpelt eine einsame Chiemseeplätte.
Dahinter zeigen sich im warmen Abendlicht die Fraueninsel und die Chiemgauer Alpen.

Am Abend kommen die Übernachtungsgäste der Fraueninsel gern im »Gasthof Zur Linde« zusammen.

Leitner mit Filmpartner Elmar Wepper durch den großen Spiegelsaal tanzte. Die wirkliche Übernachtung im Königsbett und das Tafeln vom Tischlein-deck-dich mussten allerdings im Studio nachgestellt werden. »Sonst wär' uns der Schlossaufseher vor Schreck noch glatt tot umgefallen«, sagt Leitner und lacht.

DER EINSAME MONDKÖNIG

Lachen erfüllte zu Königszeiten eher selten die herrschaftlichen Räume von Herrenchiemsee. Nur wenige Tage soll der Regent kurz vor seinem mysteriösen Tod hier logiert haben. Die Bauarbeiten waren wegen hoher Schulden gestoppt und Ludwig entmündigt worden. Fürchtete die bayerische Regierung doch, die finanziellen Eskapaden ihres weltfremden Königs könnten alsbald auch die eigene Machtbasis gefährden. Zu diesem Zeitpunkt hatte das noch immer unvollendete Schloss schon mehr Geld verschlungen als Neuschwanstein und Linderhof zusammen. Schließlich sollte Herrenchiemsee nicht nur eine bloße Kopie von Versailles werden. Ludwig wollte dem von ihm grenzenlos verehrten Sonnenkönig Ludwig XIV. vielmehr ein Denkmal setzen und ihn als Baumeister sogar noch übertreffen. »Ein ewig Rätsel will ich bleiben, mir und anderen«, hatte Ludwig einst seiner Erzieherin geschrieben, und dieses Rätselhafte fasziniert die Menschen am Märchenkönig bis heute. So kommt es, dass Gäste bei Nachtwanderungen über die Herreninsel geistern, um dem nachtaktiven König nachzuspüren. Denn sobald alle schliefen, pflegte der im Dunklen durch sein Schloss oder über die Insel zu wandeln, weshalb ihn seine Zeitgenossen auch Mondkönig nannten.

Doch was stört es den See, wenn ein königlicher Inselbesitzer kuriosen Ideen folgt. Schließlich ist der Chiemsee mit einer Fläche von gut 80 Quadratkilometern Bayerns größtes Binnengewässer und in den Augen der Einheimischen ohnehin das Bayerische Meer. Hinter den südlichen Ufern steigt die Kampenwand

An fast 1250 Jahre kontemplatives Leben erinnern die Klosterbauten auf Frauenchiemsee (oben).

Mitbringsel warten bei der Inseltöpferei Klampfleuthner auf Interessenten (links); Brotzeiten im Biergarten des »Bräustüberl« der Inselbrauerei (rechts)

»Keramik im Bootshaus« auf der Fraueninsel vereint Werkstatt und Galerie unter einem Dach.

Aus der Luft zeigt sich die Fraueninsel dicht bebaut. Klein, wie sie ist, lässt sie sich in nicht einmal einer halben Stunde bequem zu Fuß umrunden.

unmittelbar aus der Ebene auf, und an klaren Tagen kann man bis ins Kaisergebirge sehen. Wenn am Morgen die ersten weißen Bötchen ihre Segel hissen und lautlos über die funkelnde silberblaue Fläche gleiten, sind die Fischer schon längst wieder daheim. An den Ufern protzen keineswegs neureiche Angebervillen wie beispielsweise am Starnberger See, sondern üben sich dort vorwiegend Bauerngehöfte mit Geranienbalkonen in angenehmer Zurückhaltung. Das eigentliche Schauspiel bleibt hier ganz der Natur überlassen.

Wenn Brian das Schmuckstück der Chiemseeschifffahrt, den 1926 gebauten Schaufelraddampfer »Ludwig Fessler«, mit Dixielandmusik über den See pflügen sieht, fühlt sich der gebürtige Amerikaner fast wie Zuhause in New Orleans. »Der Chiemsee ist meine zweite Heimat«, sagt Brian, der hier bei seiner deutschen Großmutter regelmäßig die Semesterferien verbringt und gerade mit einem Stand-Up-Paddle übers spiegelglatte Wasser geglitten kommt. Gleich geht es mit Freunden zur »Fischhütt'n« nach Prien auf einen Steckerlfisch und ein Bier. Morgen will er abends noch zum Sundowner in die Beachbar nach Übersee. Es ist schon ein netter Anblick, wenn alle hier ihre Liegestühle am langen Strand ausrichten und mit ihren Cocktails in der Hand darauf warten, dass die Sonne untergeht. Dann werden ohne Ende Selfies geknipst und übers Smartphone um die ganze Welt geschickt.

REIZVOLLER KÜNSTLERTREFF

Die einzigartige Lichtstimmung am See hat seit jeher auch viele Künstler in den Bann gezogen. Nachdem Ludwig I. München als Kunststadt etabliert hatte, kamen bereits in der ersten Hälfte des 19. Jahrhunderts immer mehr Maler von der bayrischen Metropole aufs Land, um die nähere Umgebung zu erkunden. Waren früher in freier Natur allenfalls Skizzen angefertigt worden, rückte nun die »Freilichtmalerei« ins Zentrum des künstlerischen Interesses. Für die Landschafts-

Gern wird im Chiemgau die traditionelle Tracht gezeigt – vor allem, wenn dazu der goldglänzende Priener Hut getragen werden kann. Schwarzer Filz aus Hasenhaar, eine handgestickte goldene Borte und goldene Quasten zeichnen diese Kopfbedeckung aus.

Der Chiemsee ist natürlich ein beliebtes Segelrevier, aber auch Radler umrunden ihn gern auf dem herrlichen Uferweg – wie hier in Breitbrunn.

Ein vielgeliebtes und aufwendig gepflegtes Stück Seevergangenheit: Chiemseeplätten bei einer Regatta

Special

Naturschutz

Wie am Amazonas

Das Achendelta ist die Mündungszone der Tiroler Ache in den Chiemsee und eines der am besten ausgebildeten Binnendeltas in ganz Mitteleuropa.

Ein Labyrinth aus Haupt- und Seitenarmen sowie verzweigten Schlamm- und Kiesbänken umspült üppigen Baumbestand. Fast so ungezähmt wie am Amazonas mündet die Tiroler Ache in den Chiemsee und zerfließt dabei zu einem der imposantesten Binnendeltas in Mitteleuropa. Es ist ein Werden und Vergehen zugleich, denn die Tiroler Achen ist nicht nur der größte Zufluss des Sees, sondern führt auch jedes Jahr mehr als 300 000 Kubikmeter Sand und Kies mit sich. Wegen seiner seltenen Vogel- und Pflanzenarten gilt für die Kernzone des seit dem Jahr 1956 unter Naturschutz stehenden Achendeltas sogar: Zutritt verboten! Für Naturinteressierte ragen jedoch zwei Beobachtungstürme auf. So ist es möglich, die Westseite des Deltas von Übersee-Lachsgang und die Ostseite von der Hirschauer Bucht her zu beobachten. Bis an den Rand der Ache-Mündung werden Bootsfahrten geduldet und angeboten. Weil das etwa fünf Quadratkilometer große Delta jährlich um etwa einen Hektar wächst, bleiben dem See bei einer aktuellen Fläche von 8000 Hektar noch etwa 8000 Jahre bis zur vollständigen Verlandung. Höchste Zeit also, endlich dort hinzufahren!

Das Delta der Tiroler Ache

maler, die sich mit Staffelei und Malutensilien ausgerüstet draußen auf Motivsuche machten, war der Chiemsee eine großartige Inspirationsquelle. Schon im Jahr 1828 hatte der Landschaftsmaler Maximilian Haushofer die Fraueninsel für sich entdeckt und Künstlerfreunden begeistert von ihrer Schönheit und Ursprünglichkeit berichtet. So folgten ihm alsbald Wilhelm Leibl, Hermann Kaulbach und später Karl Raupp und Joseph Wopfner. Rasch avancierte die Fraueninsel zu einer weithin gerühmten Künstlerkolonie.

In leerstehenden Klosterräumen richteten die Maler Ateliers ein, und im Gasthof »Zur Linde« fanden sie ein rustikales Quartier. Noch heute erinnert hier ein Stammtisch an die Künstlertreffen. Die Bildmotive reichten anfangs von bei Sturm anlandenden Heuschiffen bis hin zu lieblichen Bauernhochzeiten und frommen Fronleichnamsprozessionen. Auf die Naturalisten und Impressionisten folgte später Julius Exter, der vor allem wegen seines vitalen, bunten, expressionistischen Spätwerks unter den Kollegen als der Farbenfürst vom Chiemsee galt.

SEHNSUCHTSORT FÜR VIELE

Wenn die letzten Boote mit den Tagesgästen von der Fraueninsel ablegen, wird es still auf der mit knapp 300 Einwohnern kleinsten politischen Gemeinde

Am Südufer des Chiemsees breitet sich das ganze Panorama der Chiemgauer Alpen aus: Blick von Seebruck.

Seebruck ist die Seglerhochburg am Bayerischen Meer (links). Von Gstadt aus bietet sich dieser Blick auf die Fraueninsel (rechts).

Das Seebrucker Hotel »Wassermann« verspricht nicht nur wundervolle See-Erlebnisse, sondern serviert auch die Schmankerl der Region.

Warten auf Ausflugsgäste: Chiemseeflotte in Gstadt

Bayerns. Etwa ein Drittel der Gesamtfläche nimmt die Abtei Frauenwörth ein. Noch bis in die 1990er-Jahre betrieben die Benediktinerinnen hier eine Mädchenschule mit Internat. Doch dann waren sie als Erzieherinnen nicht mehr gefragt. Es blieb zwar der Verkauf klostereigener Produkte aus der Marzipanherstellung, der Likörkellerei und dem Klostergarten, doch das alleine reichte nicht.

Heute ist Frauenwörth ein gefragtes Seminar- und Tagungszentrum. Die Angebotspalette beschränkt sich nicht nur auf die üblichen Schweigetage im Kloster. Externe Dozentinnen und Dozenten bieten sogar Aquarell-Kurse an. Eine schöne Analogie zu den Chiemseemalern, die hier im Kloster einst ihre Ateliers hatten. Bisweilen kann man deshalb Sommerfrischler an Staffeleien beobachten, wie sie versuchen, die besondere Atmosphäre am See einzufangen.

ALLER ANFANG IST SCHWER

Glaubt man den Anekdoten, tat sich die Landbevölkerung anfangs recht schwer mit den Gepflogenheiten der Kunstschaffenden. So wurde erzählt, man habe gesehen, wie sich schamlose Weiber ganz nackt malen ließen.

Nackte Brüste führten seinerzeit noch schnell zu großer öffentlicher Entrüstung. Und der Vorfall, dass dem Friedensengel von Prien noch vor der festlichen Enthüllung eine entblößte Brust weggefeilt worden war, brachte den Prienern den deftigen Spitznamen »Duttenfeiler« ein. Aufgeschrieben hat solch kuriose Episoden Ludwig Thoma, der in Prien zur Schule ging und dessen »Lausbubengeschichten« später sein populärstes Werk wurden. Über den Chiemsee schwärmte der Autor: »Wenn ich die Augen schließe und – sei es wo immer – Wasser an Schiffsplanken plätschern höre, erwacht in mir die Erinnerung an die Jugendzeit, an Stunden, die ich im Kahn verträumte, den See rundum und den Himmel über mir.« Ruhig blieb es auf dem See bis heute, denn Sportmotorboote sind keine zugelassen.

Chiemseefischerei

DER FISCHER VOM SEE

Wer einem Berufsfischer bei seiner harten, aber noch immer ertragreichen Arbeit zusehen will, der muss früh aufstehen. Hauptsächlich Renken gehen ins Netz. Sie sind die Brotfische des Chiemsees und werden in fast allen Gaststätten angeboten.

Die Fischer Thomas und Florian Lex von der Fraueninsel beim Einholen ihrer Netze

Das sichere Gespür für den Fisch hat Thomas Lex noch nie verlassen. Der Fischer vom Chiemsee kennt das heimische Gewässer ganz genau, jede Strömung, jede Bucht, bei jedem Wetter. Noch gestern Abend hat er seine Netze umgesetzt, weil sich die Renken wegen des Regens längst zu anderen Plätzen aufgemacht hatten. Heute morgen kurz nach sechs Uhr früh will er sich auf den Weg machen, um nachzusehen, ob die Taktik vom Vortag aufgegangen ist.

Das Fischen ist ein schweigsamer Beruf, und Vater und Sohn sind ein gut eingespieltes Team. Wortlos und zügig haben die beiden ein paar Plastikkisten mit Eis und neue Netze im Kahn verladen. Dann fahren sie auch schon hinüber Richtung Achen-Delta. Heute ist »Kaiserwetter«, der Himmel stahlblau ohne ein Wölkchen und der See spiegelglatt. Die Gischt spritzt, und der Kahn wird erst langsamer, als die ersten Bojen im Wasser auftauchen. Für den Renkenfang haben die Fischer auf dem See freie Wahl. Nummerierte Bojen zeigen an, welcher Fischer gerade welchen Fanggrund beansprucht. Dort heißt es für die Kollegen dann Abstand halten.

DES EINEN FREUD, DES ANDEREN LEID

Am Chiemsee hat die Fischerei eine lange Tradition. Auf der Fraueninsel leben schon seit mehr als 400 Jahren Fischer. Familie Lex betreibt hier seit 1857 in der sechsten Generation ihr Geschäft, und der Sohn hat die Ausbildung zum Fischer bereits abgeschlossen. »Selbstverständlich ist das nicht. Viele Junge zieht es lieber in die Stadt,« sagt Thomas Lex. Denn die Fraueninsel ist ein Mikrokosmos. Doch er ist glücklich, dass er einer von 16 Berufsfischern am Chiemsee ist, die von ihrer Arbeit noch leben können. Dabei fürchtet so mancher um seine Existenz, denn die Renken wachsen nicht mehr schnell genug. Das habe man auch schon am Bodensee beobachtet, sagt Lex. Das Kuriose: Der Chiemsee hat mittlerweile Trinkwasserqualität, ist so sauber, dass für die Fische die Nährstoffe fehlen.

Und dann auch noch das: Kaum hat Thomas Lex gekonnt das Netz eingeholt und die ersten Renken aus den Maschen genommen, kann er an den Fischen Bissspuren erkennen. »Kormorane«, sagt er knapp und schweigt. Doch dann: Die Vögel

Zufrieden in der frühen Morgensonne: die Fischer auf dem Weg von der Insel Frauenchiemsee zu ihren Netzen (links), wo der erste Renkenfang des Tages auf sie wartet (rechts)

Informationen

Fischräucherei Thomas Lex, Haus 31, Frauenchiemsee, Tel. 08054 479, www.chiemseefischerei-lex.de

Auskunft über die Fischereibetriebe am Chiemsee und **Informationen für Sportangler** gibt die Fischerei-Genossenschaft (www.chiemseefischerei.de)

nähmen im Naturschutzgebiet des Achen-Deltas überhand. Zwischen Fischern und Vogelschützern gibt es deshalb seit Jahren heftigen Streit, weil die Kormorane bis zu 40 Tonnen Jungfische pro Jahr fressen – und das, wo jedes Jahr allein bei den Renken zwischen 50 und 100 Millionen Jungfische im Wert von einer halben Million Euro eingesetzt werden. Schließlich machen die Renken weit mehr als die Hälfte des Bestands im Chiemsee aus, neben Barsch, Brachse, Hecht, Aal, Wels und Zander.

LADENVERKAUF FÜR TAGESGÄSTE

Während die Fischer früher hauptsächlich für Adel und Klöster fischen mussten, pachtet heute die Fischerei-Genossenschaft den See vom Bayerischen Freistaat. So können die Fischer ihren Fang verkaufen, an wen sie wollen. Thomas Lex beliefert vorwiegend die örtliche Gastronomie, die allerdings auch Exotisches anbietet. »Ein Zander aus russischer Zucht oder ein Pangasius aus Vietnam muss eingeflogen werden und ist im Einkauf oft so günstig zu haben wie unsere heimische Renke«, klagt Lex. In sein kleines Ladengeschäft kommen vor allem Tagesgäste, die sich Semmeln mit frisch geräuchertem Renkenfilet gleich vor Ort schmecken lassen oder gebeizte Filets nach Matjes-Art mit nach Hause nehmen.

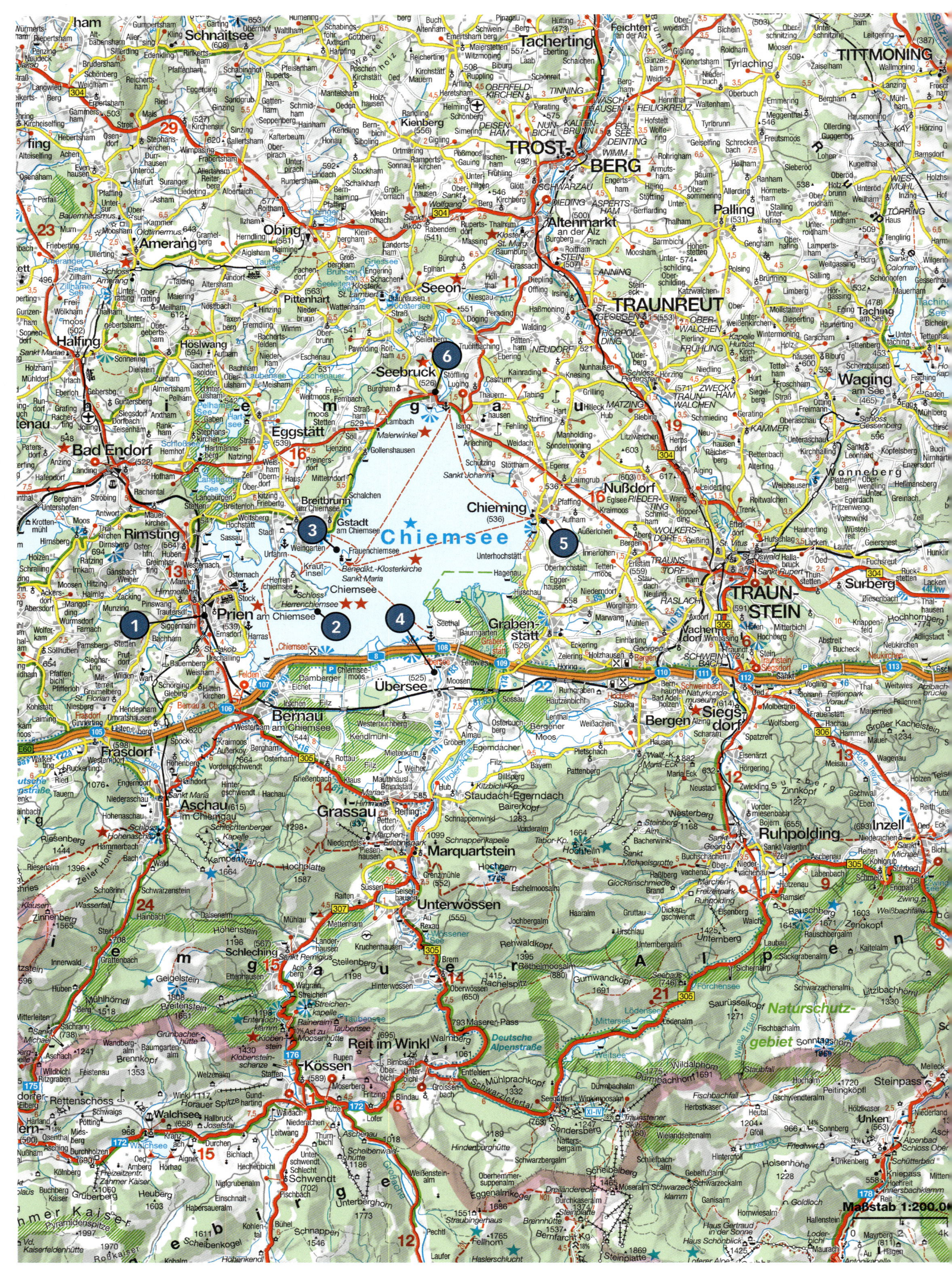

Chiemsee
1
2
3
4
5
6
Schnaitsee
Tacherting
Feichten an der Alz
TITTMONING
Kienberg
TROST-BERG
Amerang
Obing
Altenmarkt an der Alz
Palling
Seeon-
TRAUNREUT
Halfing
Höslwang
Pittenhart
Waging am See
-Seebruck
Bad Endorf
Eggstätt
Nußdorf
Breitbrunn am Chiemsee
Gstadt am Chiemsee
Chieming
Rimsting
Frauenchiemsee
Herrenchiemsee
Prien am Chiemsee
Graben-stätt
TRAUN-STEIN
Surberg
Übersee
Bernau a. Chiemsee
Bergen
Siegsdorf
Frasdorf
Aschau im Chiemgau
Grassau
Marquartstein
Ruhpolding
Inzell
Unterwössen
Schleching
Reit im Winkl
Kössen
Walchsee
Deutsche Alpenstraße
Naturschutz-gebiet
Steinpass
Unken
Maßstab 1:200.000

AM GRÖSSTEN SEE BAYERNS

Die ersten, die sich von der Region rund um den bayerischen Chiemsee angezogen fühlten, waren Nonnen und Mönche. Im 7. Jahrhundert herrschte noch strikte Geschlechtertrennung auf den Inseln – man lebte auf Frauen- oder auf Herrenchiemsee. Die Benediktinerinnen bewohnen das Kloster noch heute, ihnen folgten viele Künstler und Sommerfrischler.

1 Prien am Chiemsee

Hauptort und größte Gemeinde am See ist das auf das 12. Jh. zurückgehende Prien (10 300 Einw.). Der Tourismus setzte nach dem Tod Ludwigs II. ein, als Schloss Herrenchiemsee ab 1886 öffentlich zugänglich wurde. Der Luft- und Kneippkurort zählt mit seinen vielen Fassadenmalereien zu den wichtigsten Anlaufstellen für Frauen- und Herrenchiemsee.

SEHENSWERT
Die barocke **Pfarrkirche Mariä Himmelfahrt** (1738) ist für ihre prächtigen Deckengemälde von Johann Baptist Zimmermann bekannt.

MUSEEN
Das **Heimatmuseum** beherbergt Sammlungen zur Geschichte und Volkskunde des westlichen Chiemgaus (Valdagnoplatz 2, Tel. 08051 9 27 10; April–Okt. Di.–So. u. Jan. bis März 14-tägig 13.00–17.00 Uhr).
Die **Galerie im Alten Rathaus** widmet sich den Chiemseemalern und Künstlern des 19. und 20. Jhs. (Alte Rathausstraße 22, Tel. 08051 9 29 28 www.galerie-prien.de; Do. 17.00 bis 19.00, Fr.–So. 14.00–17.00 Uhr).

Tipp

Historische Segler

Die ersten Anfänge des Segelsports am Chiemsee reichen bis in die zweite Hälfte des 19. Jhs. zurück. Aber erst in den 1930er-Jahren entstanden die ersten Chiemseeplätten – ein billiges Einheitsboot, für das man die traditionellen Fischerkähne mit Außenschwertern und einem kleinen Segel ausstattete. Kaum ein Eigentümer verleiht heute seinen historischen Segler, aber es ist auch schon ein Genuss, den originalen Chiemseeplätten bei einer Regatta zuzusehen. Wer Glück hat, darf vielleicht sogar mitsegeln.

INFORMATION
https://chiemseeplaette.com

Die Chiemsee-Bahn fährt seit 1887 zur Anlegestelle in Prien-Stock (links). Das Heimatmuseum Priens schmücken Fassadenmalereien (rechts).

EINKAUFEN
Bei Hut Brunhuber wurde der **Priener Hut** erfunden und wird dort bis heute handgefertigt (Seestraße 2, www.hut-brunhuber.de).

HOTEL UND RESTAURANT
Das **€€€ Yachthotel Chiemsee** in exponierter Seelage mit 100 Zimmern besitzt einen eigenen Badestrand, Hallenbad und Sauna (Harrasser Straße 49, 83209 Prien am Chiemsee, Tel. 08051 69 60, www.yachthotel.de).
Das **€€ Restaurant Fischer am See** südöstlich von Prien bietet Chiemsee-Fisch in vielen Varianten, vorzugsweise auf der Veranda zum Seeufer (Harrasser Straße 145, Tel. 08051 9 07 60, www.fischeramsee.de).

AKTIVITÄTEN
Die Fahrt mit der letzten **Dampfstraßenbahn** der Welt aus dem Jahr 1887 führt vom Bahnhof zur Schiffsanlegestelle Prien-Stock (2 km; Mitte Mai–Mitte Sept.).
Die Flotte der Chiemsee-Schifffahrt Ludwig Feßler besteht aus 14 Schiffen und bietet neben dem ganzjährig fahrenden **Linienverkehr** TOPZIEL auch diverse **Sonder- und Themenfahrten** an (www.chiemsee-schifffahrt.de).
Den **Spuren von Ludwig Thoma** und seinen »Lausbubengeschichten« folgt ein Spaziergang (Terminanfrage: www.tourismus.prien.de).
Für Chiemsee-Umrundungen: **Chiemsee Rundweg** (58 km) für Erholungsuchende und Radwanderer sowie **Chiemsee-Radweg** (59 km) für Radfahrer und E-Biker. Über das Tourenportal (www.chiemsee-alpenland.de) kann man sich die »ChiemseeAlpenApp« aufs Smartphone laden; dann sind Streckenangaben, Ladestationen und Einkehroptionen auch bei schlechtem Empfang verfügbar.

INFORMATION
Tourismusbüro, Alte Rathausstraße 11, 83209 Prien am Chiemsee, Tel. 08051 69 05 0, www.tourismus.prien.de

2 Herrenchiemsee

Herrenchiemsee, auch Herreninsel genannt, ist mit ca. 240 ha die größte Chiemseeinsel. Hauptattraktion ist Schloss Herrenchiemsee (Neues Schloss), das Versailles nachempfunden wurde. Wegen zu hoher Baukosten blieb die Schlossanlage nach dem Tod König Ludwigs II. (1845–1886) unvollendet. Auf der

Insel befindet sich neben einer großen Parkanlage auch das ehem. Augustiner-Chorherrenstift (Altes Schloss), bereits 765 von Benediktinern gegründet. Vom Anleger bis zum Neuen Schloss sind es etwa 15 Min. Fußweg, man kann aber auch eine Kutsche nehmen.

SEHENSWERT
Zu den wichtigsten Räumen im **Neuen Schloss** **TOPZIEL** gehören das Paradeschlafzimmer, das zu den teuersten Räumen des 19. Jhs. zählt, aber nie zum Übernachten gedacht war, das eigentliche Schlafzimmer, der Spiegelsaal, das Prunktreppenhaus, das Tischlein-deck-dich und eine Badewanne mit einem Fassungsvermögen von 60 000 Litern. Die Schlossbesichtigung ist nur im Rahmen einer Führung möglich (www.herrenchiemsee.de; tgl., April bis Ende Okt. 9.00–18.00, sonst 10.00–16.45 Uhr).

MUSEEN
Das **König Ludwig II. Museum** im Neuen Schloss widmet sich den Lebensstationen des Monarchen (Zeiten wie Neues Schloss). Das **Museum im Augustiner-Chorherrenstift** (Altes Schloss) zeigt die Privaträume Ludwigs II., von denen aus er den Bau seines Neubaus beaufsichtigte, das ehemalige Speisezimmer, in dem 1948 die Verfassung der Bundesrepublik Deutschland vorbereitet wurde, den barocken Bibliothekssaal von Johann Baptist Zimmermann (1739) und die Barocksäle Kaiser- und Gartensaal. Außerdem die Galerie der Chiemseemaler sowie die Gemäldegalerie Julius Exter (Zeiten wie Neues Schloss.).

AKTIVITÄT
Ein **Spazierweg** führt über etwa 7 km auf größtenteils schattigen Wegen um die Insel. Schöner Einkehrplatz: Biergarten »Boje 5« mit Grill (Inselnordspitze neben der Kreuzkapelle, Ende Mai–Mitte Sept. Do.–So. ab 17.00 Uhr, https://boje-5.de).

Auf Gutsherrenart

Isings Gutshaus war einst die Ziegelei, in der König Ludwig II. die Steine für Schloss Herrenchiemsee fertigen ließ. Heute besteht das familiengeführte Viersterne-Superior Hotel aus acht Gutshäusern, vier Restaurants und großem Wellnessangebot. Bei Pferdefreunden ist die 170 ha große Anlage international bekannt für Spring- und Dressur-Reiterveranstaltungen. Und wer ganz abheben will, kann das am hauseigenen Heißluftballon-Platz tun.

INFORMATION
Gut Ising (€€€€), Kirchberg 3,
83339 Chieming, Tel. 08667 790,
www.gut-ising.de

Blumenpracht am Exter-Kunsthaus in Übersee (links); Frauenchiemseer Mitbringsel (rechts oben); Sonnenuntergang in der »Beach-Bar« in Übersee (rechts unten)

VERANSTALTUNGEN
Bei den **Herrenchiemsee Festspielen** erklingt im Juli klassische Musik im Neuen Schloss (www.herrenchiemsee-festspiele.de).

INFORMATION
Schloss- und Gartenverwaltung,
83209 Herrenchiemsee, Tel. 08051 68 87 0,
www.herrenchiemsee.de

3 Frauenchiemsee

Frauenchiemsee, auch Fraueninsel genannt, bildet mit knapp 300 Einw. die kleinste politische Gemeinde Bayerns, ist ca. 12 ha groß und autofrei. Der Inselname verweist auf das älteste Nonnenkloster Deutschlands, in dem noch ca. 20 Benediktinerinnen leben. Die Insel war auch eine der frühesten Künstlerkolonien Europas.

SEHENSWERT
Frauenwörth **TOPZIEL** wurde um 770 vom Bayernherzog Tassilo III. gegründet. Das Marienmünster (11./12. Jh.) ist wegen des Grabs der ersten Äbtissin des Klosters Wallfahrtsort; die selige Irmengard († 866) ist Schutzpatronin des Chiemgaus. Der frei stehende Zwiebelturm ist das Wahrzeichen des Chiemgaus. Die karolingische Torhalle (9. Jh.) ist der älteste vollständig erhaltene Hochbau seiner Zeit in Süddeutschland; gezeigt werden hier wertvolle Wandmalereien und wechselnde Ausstellungen von Chiemseemalern (Informationen auf www.galerifineartchiemsee.de). In der Inselmitte spendet ein 1000 Jahre alter Lindenhain Schatten.

VERANSTALTUNGEN
Der **Weihnachtsmarkt** an den ersten beiden Adventswochenenden gilt als einer der romantischsten Christkindlmärkte Bayerns (www.christkindlmarkt-fraueninsel.de).
Zum Saisonende des **Plättensegelns** findet am 3. Okt. der Lindchen-Cup mit Plätten und Schratzen, alten Holzbooten, statt.
Sollte es einmal später werden, kann man übrigens ein (Wasser-)**Nachttaxi** ordern (Tel. 0170 205 35 42, www.chiemsee-schifffahrt.de).

EINKAUFEN
Im **Klosterladen** verkaufen die Benediktinerinnen u. a. selbstgemachtes, in traditionellen Holzmodeln geformtes Marzipan, den legendären Klosterlikör sowie Lebkuchen (www.frauenwoerth.de/klosterladen). Die **Inseltöpferei** führt schöne Dekostücke (www.inseltoepferei.de).

HOTEL & RESTAURANT
Das 600 Jahre alte Wirtshaus **€€ Hotel Zur Linde**, einst Treffpunkt der Chiemseemaler, bietet renovierte Gästezimmer und regionale Küche (Haus 1, 83256 Fraueninsel im Chiemsee; Tel. 08054 9 03 66; www.linde-frauenchiemsee.de).
Im **€€ Inselbräu** werden wieder zwei eigene Biersorten gebraut: Zwickel naturtrüb und ein Weißbier (Haus 28, Tel. 08054 90 20 88, www.inselbraeu-frauenchiemsee.de).

INFORMATION
Tourismusbüro, Alte Rathausstraße 11,
83209 Prien am Chiemsee, Tel. 08051 69 05 0,
www.tourismus.prien.de

4 Übersee-Feldwies

Ursprünglich ein Bauerndorf, verfügt Übersee (5000 Einw.) über lange Naturbadestrände, die sich vom Bootshafen über das Strandbad mit großzügiger Parklandschaft erstrecken.

MUSEUM
Ein 400 Jahre altes Bauernhaus mit schönem Blumengarten war Künstlersitz von **Julius Exter** (1863–1939) und Standort von Exters Malschule (www.schloesser.bayern.de/deutsch/schloss/objekte/ub_exter.htm).

HOTEL UND RESTAURANT
Der **€€€ Chiemgauhof** mit direktem Strandzugang und Beach Feeling pur (Julius-Exter-Promenade 21, Tel. 08642 549 03 00, www.chiemgauhof.com) wird bis Sommer 2024 von Stararchitekt Matteo Thun umgebaut.

€€ D'Feldwies ist ein von Bürgern gerettetes und betriebenes Wirtshaus mit Traditionsküche (Greimelstraße 30, Übersee, Tel. 08642 59 57 15, www.wirtshaus-feldwies.de).

INFORMATION
Tourist-Information, Feldwieser Straße 27, 83236 Übersee, Tel. 08642 295, www.uebersee.com

5 Chieming

Chieming (4500 Einw.) bestand wohl schon zu Römerzeiten und war namensgebend für den Chiemsee, der hier im östlichen Teil durch ein ländliches Ortsbild, seinen 6 km langen Badestrand und zahlreiche exklusive Sportangebote wie Segeln, Reiten, Polo, Golf und Heißluftballonfahren geprägt wird.

VERANSTALTUNGEN
Am letzten Juni-Sonntag findet der **Chiemsee-Triathlon** statt (2 km Schwimmen, 80 km Radfahren, 21 km Laufen; www.chiemsee-triathlon.com). Das **Chiemsee-Pferdefestival** auf Gut Ising, einem der schönsten Turniergelände des Chiemgaus, mit mehr als 450 Spring- und Dressurreitern aus der ganzen Welt, zieht in der ersten Sept.-Woche bis zu 20 000 Besucher an (www.chiemseepferdefestival.de).

RESTAURANT
€€€€ Usinga auf Gut Ising ist ein Gourmetstüberl mit regionaler Küche auf höchstem Niveau (Kirchberg 3, 83339 Chieming, Tel. 08667 790, www.gut-ising.de).

INFORMATION
Tourist Information, Hauptstraße 20b, 83339 Chieming, Tel. 08664 98 86 47, www.chieming.de

6 Seebruck

Entstanden ist Seebruck (990 Einw.) aus der römischen Siedlung Bedaium, die ab 50 n. Chr. als Stützpunkt auf der Fernreiseroute von Salzburg nach Augsburg diente. Der Jachthafen gehört mit 500 Liegeplätzen zu den größten Bayerns.

MUSEUM
Das **Römermuseum** zeigt Stationen der römischen Besiedlung. Es ist zudem Ausgangspunkt eines archäologischen Rundwegs (Mi.–Fr. 10.00 bis 13.00, 14.00–17.00, Sa./So. 10.00–15.00 Uhr, www.roemermuseum-bedaium.byseum.de).

AKTIVITÄTEN
Bootsverleih und **Segelkurse** bietet die Chiemsee-Segelschule Seebruck (Franz Huber, www.chiemsee-segelschule.de).

INFORMATION
Tourist-Information, Römerstraße 10, 83358 Seebruck, Tel. 08667 71 39, www.seeon-seebruck.de

NACHTS ZUM MONDKÖNIG

Einsam liegt es da, das herrschaftliche Schloss, als ein paar Besucherinnen und Besucher nachts mit dem Boot auf die Insel Herrenchiemsee übersetzen. Im sanften Schein des Vollmonds eröffnet schon die Anfahrt von Prien aus einen tollen Blick auf das geheimnisvolle Schloss von Ludwig II., wenn es kurz aus urwüchsigem Buchenwald hervorblitzt. Durch den Baumbestand bleibt dabei zugleich geschickt verborgen, dass dem unvollendet gebliebenen Monument eigentlich die beiden Seitenflügel seines Versailler Vorbilds fehlen. Die perfekte Illusion also!

Schon seit Stunden haben Park und Schloss eigentlich geschlossen, doch nun, zur späten Stunde, lässt sich die Insel ganz ohne Schlossbesichtigung so ursprünglich und menschenleer erleben, wie sie einst auch König Ludwig II. erkundete. Dieser machte im fortgeschrittenen Alter gern die Nacht zum Tag, was ihm auch den Beinamen »Mondkönig« einbrachte: »Gefrühstückt hat er am Abend, Dinner gab es gegen Morgen, und sobald es Tag war, ging der Monarch zu Bett«, erzählt der passend zu dieser stilvollen Exkursion in Gehrock und Zylinder gewandete Gästeführer Konrad Hollerieth.

Herrenchiemsee mal ganz anders: auf den Spuren des Mondkönigs

Mit ihren Laternen irrlichtert die Gästegruppe gerade wie ein Schwarm Glühwürmchen durch den Schlosspark auf das Schloss zu, als dort in einem Zimmer Licht zu sehen ist. König Ludwig II. allein zu Haus? Welch inspirierende Vorstellung! Und wenn nun obendrein die Ouvertüre aus Richard Wagners »Tannhäuser« einsetzt, die Konrad Hollerieth soeben vom mitgebrachten CD-Player lautstark vor prunkvoller, vom Vollmond beschienener Kulisse erklingen lässt, wird die zauberhafte Atmosphäre zum Gesamtkunstwerk.

Vollmondwanderung: Anmeldung über Tourismusbüro Prien, Alte Rathausstraße 11, 83209 Prien am Chiemsee, Tel. 08051 69 05 0, www.tourismus.prien.de/erlebnisse/mondkoenig-maerchenkoenig/

Dauer: ca. 2,5 Std. (22.00–24.00 Uhr, der Ausflug findet nur bei gutem Wetter statt), Preis: 29,50 € p.P.

Chiemgauer Alpen

*

IM BANN DER BERGE

*

In den Chiemgauer Alpen führt kein Weg an der Besteigung zackiger Höhen vorbei, an erster Stelle natürlich der Kampenwand. Die erklimmt man je nach persönlicher Fitness – zu Fuß oder per Seilbahn geht es dem unvergesslichen Panoramablick entgegen. Oben können Gipfelstürmer mehr über die traditionsreiche Kultur des Almlebens erfahren.

Höher hinauf geht es nicht auf der Kampenwand.

»Wenn i mit meiner Wampen kannt, gangat i gern auf d'Kampenwand«, lautet ein bekannter bayerischer Schüttelreim über eine der imposantesten Felsformationen der Chiemgauer Alpen. Freilich galt im einstigen Bayern eine veritable Wampe als Zeichen von Macht und Wohlstand, schließlich zierte sie Wiesenwirte, Großbauern und Staatsmänner. Heute hingegen erschwert so ein Schmerbauch so einiges, etwa den Kampenwandaufstieg. Doch auch wer sich ganz ohne Wohlstandsbäuchlein den deftigen kulinarischen Verlockungen leidenschaftlich hingibt, fragt sich bisweilen am nächsten Tag, warum er sich eigentlich vom Tal hinauf in die Berge schleppen soll, wenn es doch eine Seilbahn gibt. Eine nostalgische noch dazu, denn schon seit 1957 transportiert die Kampenwand-Seilbahn Gäste in kleinen roten, gelben und blauen Viererkabinen von Aschau hinauf zur Bergstation. 850 Höhenmeter in 14 Minuten. Sogar Hochzeitspaare kommen herauf, um sich in der Sonnenalm das Ja-Wort zu geben.

KÜHE, KAMPEN, KOSTBARKEITEN

Oben an der Bergstation wartet sommers bei jedem Wetter wochentags um 11.00 Uhr eine von neun Bäuerinnen oder Landfrauen aus der Gegend auf naturinteressierte Wanderinnen und Wanderer. Im

»PFUI DEIFI, IS DES LEB'N SCHEE!«

Bayerische Wirtshausweisheit

Dirndl sowie mit Sonnenhut und Rucksack geht heute Marianne Hamberger mit den Gästen auf Tour, um ihnen Geschichten über die Bergwelt und ihre Bergblumen zu erzählen. Zum Beispiel die vom Pächter der Möslarnalm, der all seine Kühe am unterschiedlichen Klang ihrer Glocken erkennt. Schließlich muss er seine Viecher auch bei Nacht und Nebel finden können. Und der Klang der Glo-

Der Aufstieg zum Kampenwand-Gipfel (links oben) wird mit einem fantastischen Chiemsee-Blick belohnt (rechts oben). Ein wenig trittsicher sollte man bei der doch eher harmlosen Kletterei allerdings schon sein (links unten), um im Anschluss auf der Sonnenalm dieses Erfolgserlebnis zu genießen (unten rechts).

Bis heute blieb der durch Inn-Schifffahrt erworbene Wohlstand im Ortsbild Neubeuerns sichtbar. Der Marktplatz ist die eindrucksvolle Kulisse des sommerlichen Lichterfestes, bei dem tausende Kerzen in Fenstern und auf Balkonen den bayerischen Abend auf der Bühne beleuchten.

Zu den gut besuchten Veranstaltungen in Aschau gehören die Vorführungen der Falkner auf der Burg (links). Sonnenuntergang am Hoheneck bei Samerberg (rechts)

Auch »Haschl's Gasthaus« zeigt die nicht nur für Neubeuern typische illusionistische Fassadenmalerei.

Den Samerberger Aussichtspunkt bei der Luitpoldeiche am Obereck schmückt diese kleine Kapelle. Es wird berichtet, hier habe sich König Ludwig III., Bayerns letzter König, 1918 von seinem Reich verabschiedet.

cken gehört für die meisten zur Almlandschaft wie Enzian und Edelweiß – auch wenn Tierschützer bisweilen die Glocken als Tierquälerei verbieten lassen wollen.

»Mama, Muh«, ruft ein kleines Mädchen voller Freude und steuert zielstrebig auf zwei Pinzgauer Rinder zu. Das Almjungvieh hier oben hat noch seine natürlichen Hörner, was in der Stallwirtschaft aufgrund der höheren Verletzungsgefahr nur noch selten geduldet wird. Kühe sind zwar eigentlich recht friedliche Tiere, der Kontakt mit ihnen ist aber nicht immer ungefährlich. Schuld daran trägt wie so oft der Mensch selber. Es sei nicht ratsam, seinen Hund frei über die Alm laufen zu lassen oder Viehgatter zu übersteigen, um eine Kuh zu streicheln, denn die Tiere versuchten immer ihre Kälber zu schützen, sagt Marianne. Und so legt auch die Mama schützend ihre Arme um ihr kleines Mädchen, das nun recht vorsichtig die Löckchen auf der Kuhstirn krault, als das Rindvieh seinen Kopf neugierig durchs Gatter steckt.

LÄUSEMELKER UND AMEISENBADER

Das Erkunden der alpinen Blumenwelt ist einfacher zu bewerkstelligen – wenn man beachtet, dass die Blümchen oftmals unter Naturschutz stehen und nicht gepflückt werden dürfen. Das einköpfige Berufskraut zum Beispiel, das ein wenig wie ein Gänseblümchen aussieht und, so erzählt es Marianne, seinen ungewöhnlichen Namen deshalb bekommen hat, weil man es früher den Neugeborenen für eine gute Berufung in die Wiege legte. Gleich daneben steht noch ein Katzenpfötchen und ein kleines Mausohr. »Na, wenn die beiden aufeinandertreffen, dann ist aber was los«, meint ein Vater. Dessen Bub kauert bereits vor einem rotbraunen Haufen, in dem tatsächlich was los ist, denn der Junge ruft ganz aufgeregt: »Ameisen – viele!« Der wuselnde Berg besteht aus etwa zwei Millionen roter Waldameisen, die sich von Honigtau ernähren, den Blattläuse abgeben. Dass Ameisen auf diese Weise quasi Läuse melken, finden die Kinder natürlich lus-

Von der Piesenhausener Hochalm schweift der Blick auf den Alpenhauptkamm und den Wilden Kaiser.

Zum Märchen-Erlebnispark in Marquartstein gehört auch eine Sommerrodelbahn.

Reit im Winkl und seine Pfarrkirche St. Pankratius. Das Panorama dahinter bildet hoch aufragend der Zahme Kaiser.

Eine beliebte Tour für Mountainbiker: Weg zur Piesenhausener Hochalm

Wildwasserrafting: Die Entenlochklamm bei Schleching hält, was sie verspricht.

Special

Heimatsound

Der Gipfeljodler

Die Chiemgauer Bergwelt eignet sich gut, um die reizvolle Kunst des bayerischen Gebirgsrufs zu lernen.
Auch wenn der prominente Jodelkaiser Josef Ecker 2023 in den Ruhestand ging und nurmehr vereinzelt Seminare anbietet, so lassen sich über die lokalen Tourismusämter Gipfelwanderungen samt Jodelseminaren bei seinen Nachfolgern buchen. Wer richtig jodeln lernen will, der darf sich vor allem nicht scheuen, ungewöhnliche Laute auszustoßen: »Hätt i di, hob i di, äh du li ri ja.« Mehrmals in Folge intoniert, klingt das bei manchem anfangs wie eine Sketcheinlage von Loriot. Dabei gibt es für einen Jodellehrer nichts Schlimmeres als einen Jodler, der nach Gejaule klingt. Neben Überwindung ist deshalb auch voller Körpereinsatz gefragt, wenn der Lehrer die Nachwuchssängerinnen und -sänger in der richtigen Atmung, Tonbildung und Stimmkraft trainiert. Jodeln ist schließlich eine Kunst für sich und eine uralte Form der Kommunikation obendrein. Wie sonst fanden früher zwei Menschen ohne Handyempfang zueinander in der unüberschaubaren Gebirgslandschaft? Per Jodelruf natürlich, der gemeinhin kilometerweit zu hören ist.

Jodelkaiser Josef Ecker

»Wie schallt's von der Höh'?«, will unser Jodellehrer zum Abschluss von seinen Schülern wissen. Klare Antwort: »Hollaröduliöööööh«!

tig. Zudem profitieren andere Tiere von den Ameisen. Sie habe schon Vögel im Ameisenhaufen baden sehen, die so ihre Milben wieder loswerden wollten, erzählt Marianne. Und sie demonstriert, wie auch der Mensch sich von der Natur helfen lassen kann, und legt ein Stofftaschentuch auf den Ameisenhaufen, das die Tierchen sogleich zur Abwehr mit Ameisensäure besprühen. »Jetzt durch das Taschentuch einatmen, und verschleimte Bronchien werden wieder frei«, sagt die Naturkundlerin, die den Gästen gerne die über Jahrhunderte gewachsene, aber oft schon fast vergessene Kultur des Almlebens vermittelt.

Die Blicke schweifen in die Ferne, denn von hier oben hat man einen herrlichen Rundumblick über den Chiemsee und in die weite Landschaft. Hinter einem ragt jener auffällig gezackte Bergkamm auf, der unübersehbar über der Region thront und der Kampenwand auch ihrem Namen gab. Ein bequemer, fast ebener Panoramaweg führt hier oben an der Nordflanke der Kampenwand entlang bis zur Steinlingalm. Doch wer ganz hinauf bis zum Ostgipfel auf 1664 Meter will, schafft das dann doch nicht ohne Klettereinlage durch die Felsenzacken der pittoresken Kaisersäle. Das Gipfelkreuz ist mit zwölf Metern das größte in den Bayerischen Alpen.

Auf dem Eis der Inzeller Max Aicher Arena mischen sich Profis und Amateure.

»DER SPORT IST EINE SCHULE FÜRS LEBEN. HIER AUF DER WINKLMOOSALM HABE ICH EINE WUNDERBARE KINDHEIT ERLEBT.«

Skilegende Rosi Mittermaier (1950–2023)

Im Chiemgau hat jeder Berg seine Geschichten. So war der Hochfelln einst durch seinen ersten Seilbahngast in aller Munde: einen Elefanten. Um die Sicherheit der Bahn zu demonstrieren, liehen sich die Betreiber bei einem gerade gastierenden Zirkus einen Elefanten aus und transportierten ihn 1971 am Tag der Eröffnung in einer der Kabinen bis zum Gipfel hinauf. Die Jodellaute und Jauchzer, die man hier oben manchmal hört, sind allerdings keine Zirkusnummer, sondern stammen von von Jodelseminaren, die hier bisweilen unter freiem Himmel abgehalten werden.

Der Rauschberg hat dagegen eine eigene Kunstmeile mit Skulpturen wie den Himmelskletterer oder die mehr als sechs Meter hohe »Adams Hand«, die in Richtung Rom zeigt. Ganz im Westen fährt die älteste noch im Betrieb befindliche Zahnradbahn Bayerns von 1912 hinauf auf den Wendelstein, der mit noch weiteren Superlativen aufwartet: eine Universitätssternwarte, die höchstgelegene Schauhöhle und die höchstgelegene Kirche Deutschlands. Ende des 19. Jahrhunderts gab es hier herauf allerdings noch keine Bergbahn, und die Wirtin des Wendelsteinhauses soll geklagt haben, dass sie bei der vielen Arbeit, alles hochzuschleppen, keine Zeit mehr für den Kirchgang mehr habe. So musste die Kirche eben auf den Wendelstein kommen. Fleißig wurden damals Spenden für das Gotteshaus gesammelt. Eine kam sogar von Buffalo Bill, der seinerzeit in München gerade eine Wild-West-Show aufführte.

Und weil schließlich kaum einer so schnell wie Buffalo Bill reiten kann, wird es auf der Kampenwand nun Zeit für den Abstieg hinunter nach Aschau. Vorbei geht es an der Schlechtenberg und Gori Alm, wo man sich noch einmal mit einer kleinen Brotzeit stärken kann, bevor man über den historischen Reitweg, einem der ältesten Wanderwege auf der Kampenwand, nach Aschau kommt. Den Reitweg nutzten einst die Freiherren von Cramer-Klett, um zu ihrer Jagdhütte zu kommen. Die Cramer-Kletts, die zu den wichtigsten Industriepionieren Bayerns gehören, verhalfen im Übrigen auch Aschau zu Wohlstand. Sie kauften Mitte des 19. Jahrhunderts das Schloss und die umliegenden Ländereien, brachten eine Eisenbahnverbindung ins Tal, stifteten der Kirche einen zweiten Turm und halfen auch beim Bau der Kinderklinik. Bis heute thront Hohenaschau herrschaftlich über dem Ort, gehört aber inzwischen dem deutschen Staat, so dass es nun vor allem weitgehend gestressten Finanzbeamten als Ferien- und Erholungsheim dienen kann.

im Bikepark Samerberg unterhalb des Hochries geht es zur Sache (oben rechts).

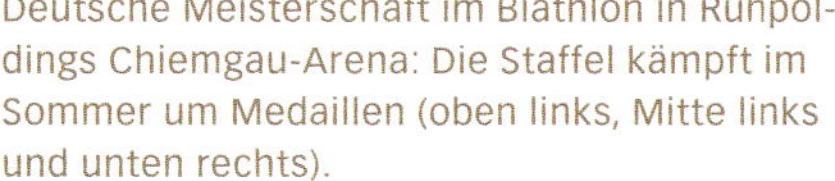

Deutsche Meisterschaft im Biathlon in Ruhpoldings Chiemgau-Arena: Die Staffel kämpft im Sommer um Medaillen (oben links, Mitte links und unten rechts).

Inzells Eis wird international geschätzt: norwegisches Team in der Max Aicher Arena (Mitte rechts).

Und gleich kreist er wie ein Adler über Ruhpolding: Hängegleiter vor dem Start auf dem Vorderen Rauschberg.

Wanderer auf dem Abstieg vom Sonntagshorn (oben); Langerbauer Alm im Röthelmoos oberhalb von Ruhpolding (Mitte); Ruhpoldings Rathaus zeigt üppige »Lüftlmalerei«.

DA HOCKST DI NIEDER

In Aschau merken Besucherinnen und Besucher sofort, dass die Gemeinde einen Sinn für Entschleunigung hat, schließlich verfügt sie über die größte Bankendichte Europas. Mehr als 500 – nicht Geldinstitute, sondern Bänke zum Verweilen. Schon allein fast 200 Themenbänke sind es inzwischen, die Aschauer und Sachranger Vereine, Betriebe und Privatpersonen mit Witz und Ironie gestaltet haben. So wurde das Gesundheitsbankerl der Apotheke mit Kräuterbüscheln ausgestattet oder dient die Quadratratschn-Bank vor dem Rathaus dem Austausch von Neuigkeiten.

Bankerl hat auch der Möbeldesigner Nils Holger Moormann entworfen, der in Aschau so etwas wie seine zweite Heimat gefunden hat. »Kampenwand« heißt eine Tisch-Bank-Kombination, die aber nicht im alpenländischen Jodlerstil daherkommt, sondern schlicht, aber effizient und anarchistisch wie alle Möbel, die Moormann entwirft. Eine Übernachtungsmöglichkeit für Geschäftspartner war sein Gästehaus »Berge« anfangs, bis sich auch immer mehr Design- und Architekturinteressierte in die mit Moormann-Möbeln ausgestattete Bleibe einquartierten. Das minimalistische Konzept wurde erfolgreich, vielleicht gerade, weil es auf all das verzichtet, was viele erwarten würden: Rezeption, Spa und Restaurant. Ein Care-Paket mit

»FREIHEIT AUSHALTEN!«,

steht auf dem Einfahrtsschild zum Gästehaus »Berge« in Aschau

Nudeln, Tomatensauce und einer Flasche Wasser steht aber auf jedem Zimmer, damit man nicht gleich am ersten Tag hungrig ins Bett muss. Obwohl das vielleicht manchmal nicht so schlecht wäre, denn sonst wird es vielleicht auch am nächsten Morgen nichts mit dem Fußmarsch auf die Kampenwand.

Heimatküche

NICHT NUR HAXEN

Von der Brotzeit bis zum Sterne-Menü liegt der Trend bei regionalen, nachhaltigen und naturverbundenen Produkten von Kleinproduzenten aus nächster Nähe. Die neue bayerische Vital-Küche verleiht so manchem einst deftigen Gericht Flügel.

Früher waren Gasthäuser das gesellige Zentrum eines Dorfes. Doch als immer mehr Vereine eine Lizenz zum günstigen Ausschank bekamen, folgte das große Wirtshaussterben. Auch für das »Gasthaus Feldwies« in Übersee, das es schon seit dem Jahr 1554 gibt, sah es nicht gut aus. Aber die Dörfler gründeten eine AG und wurden Kleinaktionäre ihres eigenen Wirtshauses. Gemeinsam wurde renoviert und 2004 neu aufgesperrt. Heute hängt der Himmel der Wirtsstube wieder voll frischem Hopfen, und neben altbewährtem Schweinebraten gibt es auch bayerische Delikatessen, die sonst nur selten auf Speisekarten zu finden sind: Lüngerl mit Semmelknödel oder Schweinsbackerl mit Schmorsoßerl.

Übrigens: Längst sind hier auf dem Land die Zeiten vorbei, als kalorienbewussten Städtern schon mal abgebräunter Leberkäse mit Spiegelei als vegetarisches Gericht angeboten wurde.

MEHR LEICHTIGKEIT

Denn neben bodenständigen Traditionswirtshäusern hat sich schon seit geraumer Zeit auch eine Vitalküche etabliert, die der bayerischen Kulinarik mehr Leichtigkeit verleiht. Regional und nachhaltig heißt die Devise. »Bei uns kommt kein gequältes Fleisch auf den Tisch«, sagen Franz und Hannes Lichtmanegger vom Berghotel Rehlegg in der Ramsau. Nach strengen Bio-Vorgaben lässt man deshalb sogar seltene schwarze Alpenschweine züchten. Eine Schatzkammer für Küche und Spa ist ihre Almwiese mit 68 Pflanzenarten hinter dem Anwesen. Dafür hat man eigens eine kräutererfahrene Pädagogin engagiert. Eine Fischerei am Königsee liefert exklusiven »Rehluga«-Kaviar vom heimischen Stör. Wobei, dem nachhaltigen Ansatz entsprechend, der ganze Fisch verarbeitet wird.

Auch die Küche im Restaurant »Mundart« im Gut Edermann in Teisendorf arbeitet mit einem Zusammenschluss lokaler Qualitätslieferanten und setzt bei der Präsentation noch eins drauf. Im Winter gibt es im Gutshof Wildwochen, zu denen in der alten holzgetäfelten Bauernstube Schwankstücke aus der Zeit von Jennerwein und Boarisch Hiasl zum Besten gegeben werden, als das Wildern noch überlebenswichtig war.

Der »Rehluga«-Kaviar vom Königsee ist ein exquisites Geschmackserlebnis.

Edle Genüsse im Restauraunt »PUR« im Kempinski Hotel Berchtesgaden (oben); Küchenchef Edip Sigl im 2-Sterne Gourmetrestaurant es:senz (unten)

REGIONALES MIT STERN(EN)

Der verstorbene Sternekoch Heinz Winkler gehörte einst nicht nur mit der Residenz Aschau zu den großen Koch-Legenden des Landes. Auch Edip Sigl hat bei Winkler gelernt und dabei nicht nur seine Vorliebe für Soßen verfeinert, sondern auch seine Frau kennengelernt. Mit ihr ging er 13 Monate auf Weltreise. »Kulinarische Ideen sind in mein Menü ›Chiemgau goes around the world‹ eingeflossen. Da darf dann ein Hauptdarsteller des Gerichtes auch mal aus einem anderen Land stammen, wenn die Lieferwege nicht zu lang sind«, sagt Sigl, der auch für sein Menü »Chiemgau pur« nur lokale Produkte verwendet. In seinem Gourmetrestaurant es:senz im Achental Resort ist der Name Programm, denn jedes Gericht ist auf das Wesentliche konzentriert – eben seine Essenz. Dafür erhielt Sigl gleich auf Anhieb zwei Michelin-Sterne.

Auch das Augenmerk von Ulrich Heimann, dem Küchenchef des mit einem Michelin-Stern ausgezeichneten »PUR« im »Kempinski Hotel Berchtesgaden«, liegt auf regionalen und authentischen Produkten, die je nach Jahreszeit variieren. Zeit nehmen sollen sich die Gäste, wünscht sich Heimann, und beim gemeinsamen Essen gute Gespräche führen. Dafür gibt es vorneweg eine »Brot-Zeit«: eine Holzplatte mit frisch gebackenem Brot, das auf heißen Steinen warm bleibt, mit Kürbisöl, Kräutersalz und Schinken. Wobei die Perfektion der Einfachheit manchmal schwieriger hinzubekommen ist, sagt Heimann, als das viele Drumherum.

Informationen

es:senz im Resort Das Achental, Mietenkamer Str. 65, 83224 Grassau im Chiemgau, Tel. 08641 40 10, www.das-achental.com/de/es-senz.html
PUR im Kempinski Hotel Berchtesgaden, Hintereck 1, 83471 Berchtesgaden, Tel. 08652 97 55 0, www.kempinski.com/de/berchtesgaden
Gut Edermann, Holzhausen 2, 83317 Teisendorf, Tel. 08666 92 73 0, www.gut-edermann.de
Berghotel Rehlegg, Holzengasse 16, 83486 Ramsau, Tel. 08657 98 84 0, www.rehlegg.de
Wirtshaus D'Feldwies, Greimelstraße 30, 83236 Übersee am Chiemsee, Tel. 08642 59 57 15, www.wirtshaus-feldwies.de

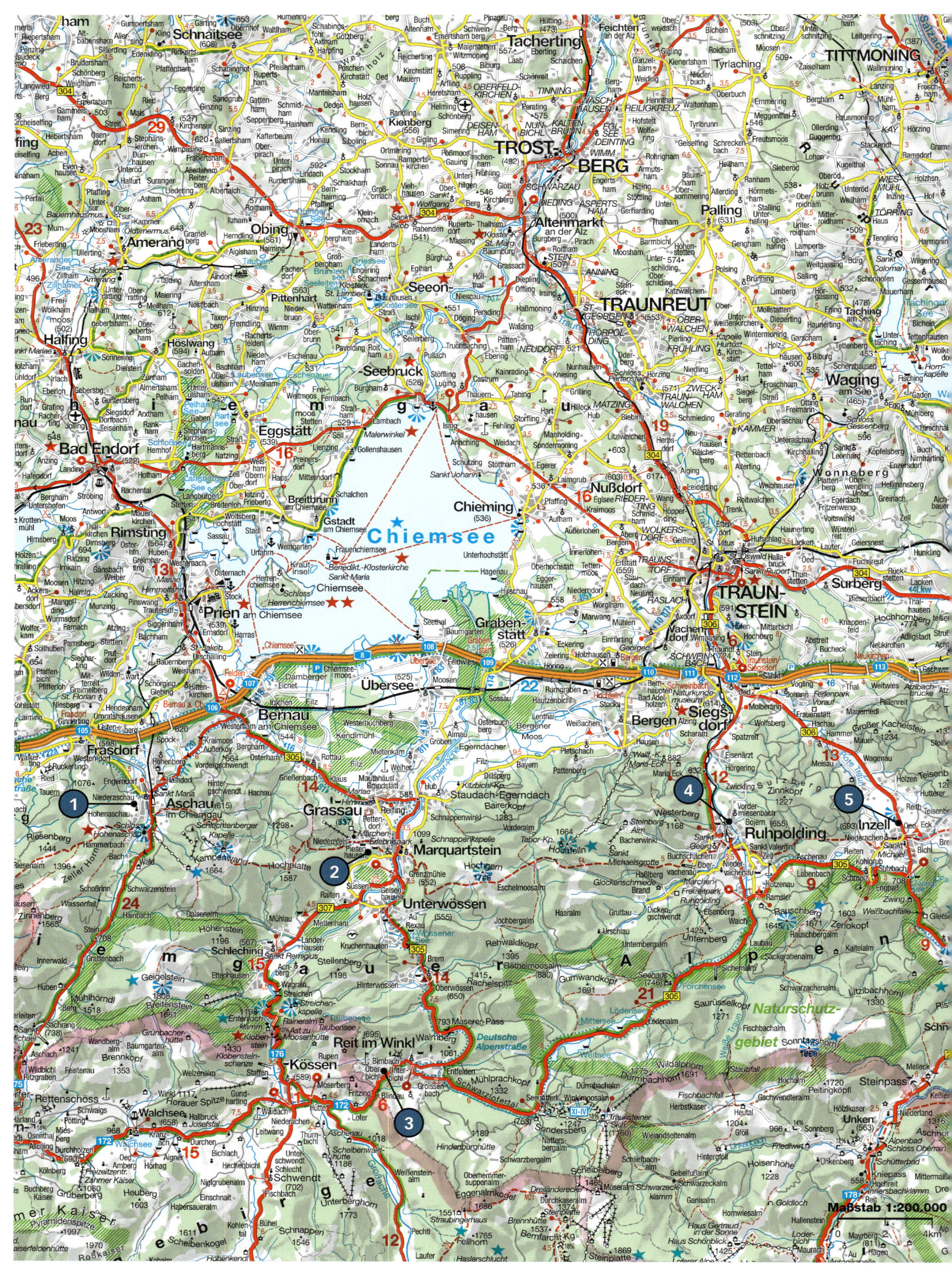

Schnaitsee
Tacherting
TITTMONING
TROST-
BERG
Altenmarkt an der Alz
Palling
Amerang
Obing
Seeon-
TRAUNREUT
Halfing
Höslwang
-Seebruck
Waging am See
Chiemgau
Bad Endorf
Eggstätt
Nußdorf
Chieming
Rimsting
Gstadt am Chiemsee
Chiemsee
Frauenchiemsee
Herrenchiemsee
TRAUN-
STEIN
Surberg
Prien am Chiemsee
Grabenstätt
Übersee
Bernau am Chiemsee
Bergen
Siegsdorf
Frasdorf
Aschau im Chiemgau
Grassau
Marquartstein
Staudach-Egerndach
Ruhpolding
Inzell
Unterwössen
Schleching
Reit im Winkl
Kössen
Walchsee
Chiemgauer Alpen
Naturschutzgebiet
Deutsche Alpenstraße
Unken
Steinpass
Schwendt
Maßstab 1:200.000
1
2
3
4
5

ZACKIGES GIPFELTREFFEN

Die Bergwelt zwischen Chiemsee und Tirol wird besonders vom gezackten Rücken der Kampenwand bestimmt. Im vielfältigen Wandergebiet der Chiemgauer Alpen reizen aber auch noch 50 weitere Gipfel und rund 60 bewirtschaftete Almen mit Fernsicht und traditionellen Almgerichten.

1 Aschau im Chiemgau

Der Luftkurort (5700 Einw.) wird seit dem 12. Jh. von Hohenaschau bestimmt, das auf einem Felsenrücken liegt, und der markanten, kammförmigen Gebirgsformation der Kampenwand.

SEHENSWERT
Das im 16. und 17. Jh. umgestaltete **Schloss** (urspr. um 1170; Bundesfinanzverwaltung) ist nur bei Führungen zu besichtigen (www.aschau.de/schlosshohenaschau; Mai–Okt. Di., Do. u. So. 13.30 u. 15.00., Mi. u. Fr. 10.00 u. 11.30 Uhr). Die Schloss-Falknerei veranstaltet auch Flugvorführungen. Die im 17. Jh. barockisierte **Pfarrkirche** (urspr. 15. Jh.) mit ihren stattlichen Zwiebeltürmen wurde mehrfach umgebaut und verfügt über interessante Deckenfresken. Seit 2014 ist Aschau ein mit dem Deutschen Tourismuspreis prämiertes Bankerldorf. In Ort und Umgebung wurden ca. 200 kuriose Themen-Sitzbänke aufgestellt, die auch bei Veranstaltungen einbezogen werden (www.aschau.de/bankerl).

MUSEUM
Das **Prientalmuseum** im Schloss informiert über die Herrschaftsgeschichte der Familie Cramer-Klett und dokumentiert die Zeit der industriellen Eisenverarbeitung (Öffnungszeiten wie Schloss).

AKTIVITÄTEN
Aschau ist Talstation der **Kampenwand-Seilbahn** (www.kampenwand.de). Von der Bergstation (1467 m) mit der Sonnenalm führt ein fast ebener Panoramaweg in ca. 30 Min. zur Steinlingalm, in weiteren ca. 30 Min. mit mittelschwerem Aufstieg zum Ostgipfel (1669 m). **Wanderungen TOPZIEL** mit Bäuerinnen und Landfrauen aus Aschau und Sachrang führen u. a. zu Bergblumen auf der Kampenwand (www.bauernland-und-bauersleut.de). **Gleitschirmfliegen** an der Kampenwand lernen oder in einem Tandemflug ausprobieren kann man in der Flugschule Chiemsee (www.tandemfliegenchiemgau.de).

HOTEL UND RESTAURANT
Die **€€€€ Residenz Heinz Winkler** bietet Übernachtungsmöglichkeiten in 32 opulenten Zimmern und Suiten im venezianischen Stil inkl. Wellnessbereich. Im Gourmetrestaurant wirkte einst Kochlegende Heinz Winkler. (Kirchplatz 1, 83229 Aschau im Chiemgau, Tel. 08052 17 99 0, www.residenz-heinz-winkler.de). Das **€€€ Gästehaus Berge** ist eine Herberge der besonderen Art: 16 individuelle Quartiere für Selbstversorger mit Küche (Kampenwandstraße 85, 83229 Aschau im Chiemgau, Tel. 08052 90 45 17, www.moormann-berge.de). Der **€€ Entenwirt** in Samerberg ist bekannt für seine leckere Enten-Schmankerlküche (Samerstraße 5, Samerberg, Tel. 08032 88 15, www.entenwirt.de); jedes Jahr im Aug. treffen sich hier die Citroën-2CV-Liebhaber.

UMGEBUNG
Der **Bärnsee** befindet sich ca. 4 km nordöstlich; der See (Badeverbot) ist umgeben von wilder Hochmoorlandschaft und steht aufgrund seiner Flora und Fauna unter Naturschutz. **Neubeuern** (19 km westl.) wurde wegen seines malerischen Marktplatzes und seiner prächtigen Häuser mit geschmückten Balkonen, Erkern und Lüftlmalereien 1981 zum schönsten Dorf Deutschlands gewählt.

INFORMATION
Tourist-Information, Kampenwandstraße 38, 83229 Aschau im Chiemgau, Tel. 08052 90 49 0, www.aschau.de

2 Marquartstein

Der Luftkurort (3200 Einw.) liegt zwischen Hochgern (1748 m) und Hochplatte (1586 m) und direkt an der Tiroler Ache, die nur wenige Kilometer weiter nördlich in den Chiemsee mündet. Schon Richard Strauss kam mit Familie und Freunden gerne zur Sommerfrische. Von wirtschaftlicher Bedeutung ist die alteingesessene Chiemgau-Klinik im Ortsteil Geisenhausen.

SEHENSWERT
Burg Marquartstein, von Ritter Marquart II. 1075 erbaut und im 19. Jh. umgestaltet, befindet sich nach einer kompletten Renovierung in Privatbesitz und kann nicht besichtigt werden.

MUSEUM
Das **Bayerische Moor- und Torfmuseum Rottau** am Rand des Naturschutzgebietes Kendlmühlfilzen (5 km nordw.) zeigt auch einen Torfbahnhof – ein Industriedenkmal von 1920 (www.torfbahnhof-rottau.de; Führungen Mai bis Anf. Nov. Sa. 10.00–15.00, Juli–Okt. zusätzlich Mi.).

Hohenaschau überragt den Ort Aschau (links). Rechts: Wallfahrtskirche Maria Klobenstein, nordwestl. von Reit im Winkl direkt an der deutsch-österreichischen Grenze zwischen Schleching und Kössen. Der gespaltene Fels davor wird mit einer Marienlegende verbunden.

AKTIVITÄTEN
Zum **Märchen-Erlebnispark** gehört auch eine Sommerrodelbahn, www.maerchenpark.de. Der Sommer bietet u. a. **Rafting** für Einsteiger durch die Entenlochklamm (südl.) samt Besuch der Mariahilf-Wallfahrtskirche (1707) am »geklobenen Stein« (2 Std.; Details bei der Tourist-Information).

RESTAURANT
Der schon im 11. Jh. erwähnte **€€ Hofwirth zur Post** ist einer der ältesten Gasthöfe im Chiemgau. Der Komponist Richard Strauss gehörte einst zu den Stammgästen (Alte Dorfstraße 5, Marquartstein, Tel. 08641 69 80 00, www.hofwirth.de).

UMGEBUNG
Der **Hochfelln** (1674 m) bei Bergen (13 km nordöstl.) gilt als die Aussichtsterrasse des Chiemgaus. Er ist mit der Seilbahn erreichbar (www.hochfelln.de). Beliebt sind die dortigen Sonnwendfeuer und Freiluft-Jodelseminare).

INFORMATION
Tourist-Information,
Rathausplatz 1, 83250 Marquartstein,
Tel. 08641 69 95 0,
www.marquartstein.de

Tipp

Fußball? Golf?

Das kommt dabei raus, wenn man Fußball und Golf miteinander vermischt: Die Rede ist von Fußballgolf, das in Anklängen wie klassisches Golf, aber ohne jede spezielle Ausrüstung gespielt wird. Der Ball ist ein Fußball und der eigene Fuß fungiert als Schläger. Mit möglichst wenig Schüssen muss der Ball bis zum Loch gespielt werden, wobei es auch gilt, Hindernisse geschickt zu umspielen. Eine Runde dauert je nach Parcours, Geschick und Anzahl der Spieler zwischen 1 und 2,5 Std. Inzwischen werden sogar Weltmeisterschaften ausgetragen.

INFORMATION
Soccerpark Inzell, Mitterweg 33,
83334 Inzell, Tel. 08665 92 88 61 0,
www.soccerpark-inzell.de

3 Reit im Winkl

Einst Niemandsland, spielten die Landesherren von Bayern, Tirol und Salzburg Reit im Winkl (2300 Einw.) beim Schafkopfen aus. Der bayerische Kurfürst Max I. Joseph machte den Stich mit dem Schellen-Unter (bis heute Wappenbild des Unterwirts). Später machten Ski-Legende Rosi Mittermaier und die Volksmusikantinnen Maria und Margot Hellwig den Ort bekannt.

Wanderziel südliches Reit im Winkl: Eggenalm (links); Angebot der »Windbeutelgräfin« in Ruhpolding (rechts oben). Beim Samerberger »Entenwirt« kommt die Citroën-2CV-Szene zum »Ententreffen« zusammen (rechts unten).

SEHENSWERT
Die neubarocke **Kirche St. Pankratius** (1913) im Ortskern umgeben stattliche Bauernhäuser.

MUSEUM
Das **Skimuseum** im Schulhaus zeigt eine Skier-Sammlung von den Anfängen bis hin zu Rennskiern, die dem Museum von Spitzensportlern überlassen wurden (Di., Do. 15.00–17.00 Uhr, www.reitimwinkl.de/skimuseum).

AKTIVITÄTEN
Die Winklmoosalm ist dank ihrer schneesicheren Lage auch als »Schneeloch« und für ihr **Alpinski**-Angebot bekannt, im Sommer idealer Ausgangspunkt für **Wanderungen und Radtouren** (www.winklmoosalm.de). Die Winklmoosalm gehört seit 2018 zum **ersten Sternenpark der Alpen** (öffentl. Führungen je nach Wetter Mi./Fr., www.abenteuer-sterne.de/oeffentliche-sternfuehrungen).

HOTEL
€€€ €–€€€ Relais & Châteaux Gut Steinbach (siehe Kasten auf S. 59).

INFORMATION
Tourist-Information, Dorfstraße 38,
83242 Reit im Winkl, Tel. 08640 80 02 0,
www.reitimwinkl.de

4 Ruhpolding

Der Luftkurort und Wintersportplatz (6300 Einw.) wird von eindrucksvoller Gebirgskulisse umgeben. Ende des 16. Jhs. begann der Erzbergbau, nach dem Zweiten Weltkrieg der bis heute wirtschaftlich bestimmende Tourismus.

SEHENSWERT
Die **Pfarrkirche St. Georg** (bis 1757) ist schon von Weitem talbeherrschend. Mit ihrer Ruhpoldinger Madonna (um 1230) zählt sie zu den bedeutendsten Dorfkirchen Oberbayerns. Ebenso sehenswert sind mit Lüftlmalerei und vielen Details verzierte **Häuser** im Ortskern.

MUSEUM
Das **Holzknechtmuseum** erzählt von harter Arbeit vor 100 Jahren (www.holzknechtmuseum.com; Mai–Okt. Di.–So. 10.00–17.00 Uhr).

AKTIVITÄTEN
Im Winter gibt es viele **Langlaufloipen**, und man kann sogar **Biathlon** erlernen (www.biathloncamp.de).

VERANSTALTUNGEN
Anf. Dez. wird mit 100 Schauspielern **Waldweihnacht** (Krippenspiel) auf dem Freigelände des Holzknechtemuseums gefeiert (www.ruhpoldinger-waldweihnacht.de; alle 3 Jahre). Im Jan. findet der **Biathlon Weltcup** statt (www.biathlon-ruhpolding.de).

Tipp

Mit Alpakas auf Trekking-Tour

Für Fortuna, Rusty und die Alpaka-Mädels muss man manchmal viel Zeit und Geduld mitbringen. Denn Alpakas haben einen eigenwilligen Charakter und bestimmen oftmals einfach selbst, wie lange eine Wanderung mit ihnen dauert. Fast 30 Tiere hat der Alpakastall Inzell für ausgedehnte Trekking-Touren. Die anpassungsfähigen Tiere aus den hohen Anden Südamerikas finden sich auch im Alpenraum gut zurecht. Wegen ihrer sanften Art schließen besonders Kinder schnell Freundschaft mit ihnen. Eine Wandertour mit Alpakas sei Wellness für die Seele, heißt es.

INFORMATION
Alpakastall Inzell, Familie Bauregger,
Sulzbacher Straße 69, 83334 Inzell,
Tel. 08665 76 89, www.bauregger-inzell.de

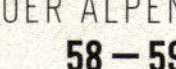

UNTERKUNFT & CAFÉ
€€€ Beim Waicher gibt es Appartements und Luxuschalets (Waich 10, 83324 Ruhpolding, Tel. 08663 41 69 58 0, www.beimwaicher.de)
Das **€€ Bauernkaffee Windbeutelgräfin** serviert Sahne-Windbeutel mit 13 verschiedenen Füllungen (Brander Straße 23, Ruhpolding, Tel. 08663 16 85, www.windbeutelgraefin.de).

UMGEBUNG
Ruhpolding ist Talstation der Seilbahn zum **Rauschberg** (1645 m), wo Kunstbegeisterte Skulpturen wie den »Himmelskletterer« oder »Adams Hand« sehen können.
Das **Sonntagshorn,** höchster Gipfel des Chiemgaus (1961 m) und nicht durch eine Seilbahn erschlossen, bietet im Sommer mittelschwere Wanderungen (Aufstieg ca. 2,5 Std.) im Winter wird der Berg gern von Skitourengehern besucht.

INFORMATION
Tourist-Information, Bahnhofstraße 8, 83324 Ruhpolding, Tel. 08663 88 06 0, www.ruhpolding.de

5 Inzell

Die Ursprünge des heutigen Luftkurortes (4900 Einw.) gehen auf eine klösterliche Ansiedlung (1177) zurück. Inzell lebte ab 1665 vom Blei- und Zinkerz-Abbau und ist seit 1965 als Eisschnelllauf-Trainings- und Wettkampfzentrum sowie als Wintersportort weithin bekannt.

SEHENSWERT
Die **Pfarrkirche St. Michael** ist ein Saalbau von 1727 mit interessanten Barockfiguren.
St. Nikolaus in Einsiedl (ursprünglich um 1200) zählt zu den ältesten Gotteshäusern des Ortes und liegt an einem idyllischen kleinen See.

AKTIVITÄTEN
Schlittschuhlaufen lässt sich auf der 400-m-Bahn der Eisschnelllaufbahn Max Aicher Arena (www.max-aicher-arena.de).

VERANSTALTUNGEN
Bei den **Ballonwochen** Ende Januar steigen in der Dunkelheit leuchtende Heißluftballons von der Kreuzfeldwiese über die Winterlandschaft auf (Anmeldung bei der Inzeller Touristik). Ende Januar treten mehr als 100 **Hundeschlittengespanne** um die bayerische Meisterschaft an (www.husky-bayern.de).

UNTERKUNFT
Wie ein kleines Almdorf: Neben vier Ferienwohnungen gehören auch fünf Almhütten und zwei Chalets an einem kleinen See zum **€€ Gasthof Rauschbergblick** (Hutterer 4, 83334 Inzell, Tel. 08665 452, www.rauschbergblick.de).

INFORMATION
Inzeller Touristik GmbH, Rathausplatz 5, 83334 Inzell, Tel. 08665 98 85 0, www.inzell.de

ENDLICH RUHE ...

Im Urlaub bleibt das Handy aus. Versprochen! Zumindest hat man sich das – wie so oft – fest vorgenommen. Aber dann schaut man doch »nur mal eben« seine E-Mails durch und ist schnell wieder in der digitalen Welt gefangen. Im Chalet-Dorf »Relais & Châteaux Gut Steinbach« in der Nähe von Reit im Winkl wird einem das jedoch nicht passieren.

Hier können sich erholungswillige Gäste der ständigen Erreichbarkeit entziehen. Mit nur einem Knopfdruck sind Smartphone, WLAN und TV vom Netz. Früher gab es sogar einen selbst programmierbaren Smartphone-Safe. Der ging vermutlich einigen Gästen dann doch zu weit. Denn war das Handy erst einmal drin, konnte man den Safe vor Ablauf des gewählten Zeitfensters nicht mehr öffnen.

Willkommen zurück im echten Leben! Den Kopf frei dafür bekommt man schnell beim Sprung in den erfrischenden Naturteich, um den sich ein Almdorf aus sieben Chalets im traditionellen alpinen Baustil aus regionalen Naturhölzern gruppiert. Hier auf dem sonnigen Hochplateau lebt es sich in der Tat wie auf einer Alm, nur eben wesentlich komfortabler, denn zur edlen Hüttenausstattung gehören ein eigenes Spa, ein offener Kamin und eine Küche mit Weinkühlschrank.

In stilvoller Umgebung vergessen die Gäste schnell den Alltagsstress.

Vielleicht würde man seinen exklusiven Rückzugsort gar nicht mehr verlassen, lockte nicht das Restaurant »Heimat« mit Produkten, die zu 80 Prozent von regionalen Erzeugern aus maximal 80 Kilometern Entfernung stammen. Und bei Kürbisrisotto oder Schweinsbackerl hatte man sogar damals längst vergessen, dass der Smartphone-Safe seit Stunden wieder zugänglich war.

Relais & Châteaux Gut Steinbach, Steinbachweg 10, 83242 Reit im Winkl, Tel. 08640 80 70, www.gutsteinbach.de; Chalet-Komplettmiete ab 600 €.

Berchtesgadener Land

*

KÄFER-STÜNDCHEN WEISS-BLAU

*

Das Berchtesgadener Land ist eine bayerische Bilderbuchlandschaft. Die Region um Königssee und Watzmann gehört zum einzigen alpinen Nationalpark Deutschlands, und Städte wie Bad Reichenhall und Berchtesgaden warten mit jahrhundertealter Tradition auf.

Berchtesgaden mit der doppeltürmigen Stifts- und der Pfarrkirche St. Andreas vor dem gewaltigen Watzmannmassiv

Der Himmel leuchtet in den schönsten bayerischen Nationalfarben weiß-blau, und mit offenem Verdeck rollt das Käfer-Cabriolet gemächlich vorbei an dem, was man unter einem typisch bayerischen Postkartenmotiv versteht: smaragdgrün glitzernde Seen, imposante Bergmassive, barocke Zwiebelturmkirchlein und hügelige, saftiggrüne Almen, auf denen genüsslich das Fleckvieh grast. Hier scheint man dem Himmel der Bayern endlich etwas näher zu kommen. Und deshalb sind besonders an schönen Sommerwochenenden viele in Richtung Berge unterwegs. Gerade das Voralpenland wird bei Oldtimer-Freunden immer beliebter, denn in einem traditionellen Cabrio ist es im Berchtesgadener Land besonders reizvoll, einen Nostalgieausflug mit interessanter Historie zu verknüpfen.

So rollt der zitronenfaltergelbe Käfer durch schönstes Alpenpanorama geradewegs hinein nach Bad Reichenhall, vorbei an ansehnlichen Gründerzeitvillen und dem königlichen Kurgarten. Bereits 1890 verlieh Prinzregent Luitpold der Stadt das offizielle Prädikat »Bad«. Lagert doch in der Gegend schon seit Jahrmillionen das Salz eines Urmeeres tief und geschützt im alpinen Felsgestein. Quellwasser löst es zu wertvoller Alpensole, die sich in den Hohlräumen

»SALZ IST UNTER ALLEN EDELSTEINEN, DIE UNS DIE ERDE SCHENKT, DER KOSTBARSTE.«

Justus von Liebig (1803–1873), Chemiker

des Bad Reichenhaller Beckens sammelt. Mächtige Wasserräder mit 13 Metern Durchmesser fördern im Brunnhaus der Alten Saline bis heute Sole. Bei jeder Umdrehung ertönt ein Glockenschlag, der dem Brunnwart schon aus der Ferne den korrekten Gang der Anlage signalisiert.

Bad Reichenhall: Konzertrotunde im Kurgarten (oben), Solespringbrunnen vor dem Gradierhaus (Mitte), die für ihre Mozartkugeln bekannte Confiserie Reber (unten)

Am Bad Reichenhaller Rathausplatz steht das im Jahr 1849 errichtete Alte Rathaus (oben). Mit der im Jahr 2005 eröffneten Rupertus Therme erschloss sich Bad Reichenhall neue Besucherkreise (unten).

Seit nahezu 400 Jahren ist die 1698 geweihte barocke Kapelle St. Bartholomä am Westufer des Königssees Ziel der Almer Wallfahrt. Die Wallfahrer kommen aus Maria Alm im österreichischen Pinzgau. Bartholomäus ist der traditionelle Heilige der Senner und Almbauern. Hinter dem Kirchlein ragt die Watzmann-Ostwand auf.

Kaum denkbar ist eine Königssee-Schifffahrt ohne Bläsersolo vor der Echowand (links). Ausgangspunkt aller Seetouren ist das dank dem Königssee florierende Schönau (unten).

Nach dem Übersetzen der Kühe (oben rechts) kommt das Aufkranzen. So geschmückt geht es dann zurück in den heimatlichen Stall (oben links).

»WATZMANN, WATZMANN, SCHICKSALSBERG – DU BIST SO GROSS UND I NUR A ZWERG!«

Wolfgang Ambros, Liedermacher

Als Brunnwart ist Sebastian Hänel in Deutschland längst der letzte seiner Zunft. Er erzählt, dass für die Salzgewinnung früher Unmengen Brennholz geschlagen werden mussten, um damit die Sole in den Siedepfannen solange zu erhitzen, bis sich das Salz herauskristallisierte. Bald schon waren die Wälder der Umgebung jedoch allesamt abgeholzt, und so pumpte man die Sole über Leitungssysteme dorthin, wo es noch Holz gab, nämlich nach Traunstein und Rosenheim. Heute ist die Alte Saline eines der bedeutenden Industriedenkmäler Deutschlands und längst ein Museum. Brunnwart Hänel pumpt die Sole heute nur mehr für den Badebereich des Kurmittelhauses.

TRÖPFCHENWEISE MEERESLUFT

Schließt man vor dem hoch aufragenden Gradierhaus die Augen und atmet einmal ganz tief ein, glaubt man beinah am Meer zu sein. Kaum hörbar rieselt stark dosierte Sole über die 13 Meter hohe und 160 Meter lange Schwarzdornwand. Sobald die Bergluft durch die fein verästelten und mit kleinsten Soletropfen und Salzkristallen behafteten Zweige streicht, reichert sich die Luft mit Salz an – Meeresluft mitten in den Bergen also. Ein perfekter Ort zum Durchatmen. Schon Mozart wandelte übrigens auf seinen Reisen durch dieses größte Freiluftinhalatorium der Welt. Es ist eine Kulisse wie gemacht für einen Fellini-Film. Doch haftet dem klassischen Kuraufenthalt allenthalben das leidige Image von Alter und Krankheit an. Und längst zeigen sich viele Krankenkassen nicht mehr bereit, solche Aufenthalte zu finanzieren. Deshalb bleibt auch Bad Reichenhall nichts anderes als der Versuch, jüngere Erholungssuchende für sich zu gewinnen, die mit Wellness- und Wohlfühlurlaub fit für den Alltag bleiben wollen. Nur: Selbstzahlende Gäste stellen auch höhere Anforderungen. Hinter den altehrwürdigen Mauern des Kurmittelhauses soll nun das angestaubte Image aufpoliert und die Angebotspalette moderner und vitaler werden.

BOOTFAHRENDE KÜHE

Nochmal richtig Schwung nehmen muss jetzt auch der VW-Käfer, damit ihm hinauf zum Rossfeld nicht die Luft wegbleibt. Die höchstgelegene Panoramastraße Deutschlands belohnt dafür auf ihren serpentinenreichen 15 Kilometern mit einem der schönsten Bergfernblicke der Gegend. Für das In-die-Landschaft-Gucken zum Hohen Göll, Kehlstein, Tennen- und Dachsteingebirge und Untersberg gibt es Parkbuchten. Irgendwann arbeitet man sich dann bis zum Königssee voran.

Und über allem thront der Watzmann (rechts): Der Ausblick auf den »König der Berge« fasziniert zu jeder Jahreszeit.

Lederhosenmacher Franz Stangassinger in seinem Geschäft (unten): Was wäre ein Berchtesgadener ohne seine traditionellen Beinkleider?

Nach dem Berchtesgadenbesuch geht es mit luftgekühlten 50 PS weiter in Richtung Königssee.

Im Schatten des Berchtesgadener Schlosses kann man gut einkehren.

Die Berchtesgadener Altstadt ist Fußgängerzone – auch der mit einem Brunnen geschmückte Marktplatz.

Anfang Oktober sollte man sich jedoch ein bisschen sputen, um rechtzeitig am Königssee zu sein, denn dann findet hier einer der schönsten und wohl auch kuriosesten Almabtriebe der Welt statt – mit Kühen, die eine Bootsfahrt machen. Etwa 30 Tiere müssen von den Almen am Südufer des Königs- und des Obersees in ihre heimischen Ställe zurückgebracht werden. Doch es gibt keinen passablen Fußweg, die mächtigen Felsen der Berchtesgadener Alpen fallen fast senkrecht zum Ufer hinab. Deshalb sind die Kühe vom Königssee die einzigen im gesamten Alpenraum mit einem Ticket für einen einstündigen Bootstransfer.

Ist der Sommer auf der Alm für Mensch und Tier glücklich verlaufen, werden die Kühe geschmückt, sobald sie an der Seelände wieder festen Boden unter den Füßen haben. Bis die Kunstwerke aus mit Holzspänen gearbeiteten, üppigen, bunten Blumen und Rosetten fertig sind, muss so manche Sennerin vor dem Fest allerdings ein paar Sonderschichten einlegen. Denn bis zu 30 Stunden dauert es, bis eine Kuh beim Almabtrieb als Kopfschmuck eine sogenannte Fuikl tragen kann.

Bootfahren ist natürlich auch die beliebteste und hauptsächliche Freizeitbeschäftigung der täglich bis zu 5000 Königssee-Besucher. Da trifft es sich hier im Nationalpark gut, dass die 19 Schiffe bereits seit mehr als 110 Jahren mit leisen Elektromotoren fahren. Prinzregent Luitpold hatte das damals eingeführt – allerdings nicht, um die Natur zu schützen, sondern um das Rotwild in seinem Lieblings-Jagdrevier zu halten. Schon nach zehnminütiger Fahrt stoppt das kleine Holzboot vor der legendären Echowand. Bevor der Bootsführer sein Flügelhorn zum Blasen ansetzt, scherzt er: »Hoffentlich sitzt meine Schwester schon in der Wand, damit sie uns das passende Echo zurücktrompeten kann.« Der bekannte Volksschauspieler Gustl Bayrhammer spielte nämlich einst in den »Weißblauen Geschichten« das

Der Aufstieg auf den Jenner wird mit diesem herrlichen Blick auf Watzmann und Königssee belohnt.

»WEN GOTT LIEBT, DEN LÄSST ER FALLEN IN DIESES LAND.«

Ludwig Ganghofer (1855–1920), Schriftsteller

Echo vom Königssee und rief den Leuten quasi als ihr schlechtes Gewissen freche Antworten zurück. Ein Gast hat deshalb gleich die passende Antwort: »Ich hab Deiner Schwester schon gesagt, sie soll heute mal zur Abwechslung eine andere Melodie als die Deine zurückspielen.« Die Passagiere lachen, und ein Hund begleitet das Trompetensolo mit ausgiebigem Gejaule.

Eine halbe Stunde später ist dann auch eines der meistfotografierten Motive erreicht: St. Bartholomä, die barocke Wallfahrtskirche mit ihren weithin bekannten weinroten Zwiebeltürmen. Gleich nebenan dampft es aus der 400 Jahre alten Räucherkammer. Der einzige Fischer vom Königssee bereitet nach alter Tradition sogenannte Schwarzreiter, kleine Seesaiblinge, zu. Eine Spezialität, die es nur hier gibt.

Das smaragdgrüne Gewässer besitzt zwar Trinkwasserqualität, doch das Baden hat sich für die meisten schnell erledigt, denn selten reicht die Wassertemperatur über 15 Grad. »Da gehst als Prinz hinein und kommst als Prinzessin wieder raus,« scherzt der Bootsführer, und weil eine Dame gar so lacht, fügt er noch hinzu: »Nein, gute Frau, umgekehrt funktioniert es leider nicht.« Ortskundige erfrischten sich lieber in Naturpools, sogenannten Gumpen, oberhalb des Sees, die sich vom Geheimtipp zum überrann-

Königssee: Am Malerwinkel genießen Hartgesottene gern mal eine Erfrischung.

ten und gefährlichen Instagram-Motiv für bergunerfahrene Influencer entwickelten, weshalb ihr Besuch seit 2021 mit hohen Bußgeldern geahndet wird.

Die fast senkrecht hinter St. Bartholomä in den Himmel ragende Watzmann Ostwand hingegen flößt als längste durchgehende Felswand der Ostalpen vielen dagegen allein schon mit ihren mehr als 1800 Metern Ehrfurcht ein.

DER SCHICKSALSBERG

»Groß und mächtig, schicksalsträchtig. Um seinen Gipfel jagen Nebelschwaden!«, so dramatisch beginnt eines der bekanntesten Musicals von Wolfgang Ambros über den König der Königsseeregion, den Watzmann. Vor allem seine imposante Ostwand, die höchste und gefährlichste Felswand der Ostalpen, hat seit ihrer Erstdurchsteigung 1881 schon mehr als 100 Todesopfer gefordert. Niemand kennt die Wand besser als Heinz Zembsch, denn keiner ist sie öfter hinaufgeklettert als der ehemalige Bergführer aus Bischofswiesen: über 400 Mal.

Glaubt man dem Musical, zieht es die Bergfexe geradezu magisch »aufi«, wenn der Watzmann ruft. Auch Heinz Zembsch ist schon mit 14 Jahren von Zuhause los, um den Watzmann zu bezwingen. Heute, mit mehr als 80 Jahren, ist er längst als König der Ostwand bekannt, schließlich hatte man in der Tat einst extra einen Thron durch die Wand geschleppt, um Zembsch auf der Südspitze zum König zu krönen. Weil man allein für den Aufstieg sechs bis acht Stunden rechnen muss, hapert es nach Zembschs Erfahrung bei den meisten übrigens nicht an der technischen Ausrüstung, sondern an der physischen und mentalen Kondition.

ERFOLGREICHE SEILSCHAFTEN AM BERG

Zum Watzmanngipfel führt keine Seilbahn hinauf, und im Winter stört auch kein Liftbetrieb die Stille. Mit Gründung des einzigen alpinen Nationalparks in Deutschland, wurden solche Pläne schon in den 1970er-Jahren vereitelt und dem

Berchtesgadener Alpen: Das Schottmalhorn spiegelt sich im Funtensee.

König der Berge damit der Massenansturm samt alpinem Funpark erspart. Die Huberbuam, eine der erfolgreichsten Seilschaften am Berg, stammen ebenfalls aus der Region. Schon als Kinder trainierten Andreas und Thomas Huber auf dem heimischen Bauernhof in Palling am garteneigenen Apfelbaum, und bald schon gehörten sie zu den besten Free-Solo- und Speed-Kletterern der Welt. Die Berchtesgadener Alpen sind bis heute ihre Bergheimat – und die bietet für sie natürlich weit mehr als nur wilde Watzmannwände.

Dass die Gefahren aber längst nicht nur in der Extremsituation liegen, sondern es oftmals besonders dann gefährlich wird, wenn man glaubt, alles im Griff zu haben, weiß auch Thomas Huber, der bei Filmaufnahmen an einer Felswand am Brendlberg bei Berchtesgaden 2016 beim Abseilen abgestürzt ist. Und Ostwandkönig Zembsch hat sich einst ausgerechnet beim Sturz daheim in seiner Scheune schwer verletzt. »Du gehst manchmal durch die Hölle, und nichts passiert. Ein anderes Mal erwischt es dich im leichten Gelände«, sagt Zembsch, der eigentlich kein Mann großer Worte ist. Aber am Berg zählen ohnehin mehr die Taten. Deshalb heißt die Devise für alle Watzmann-Bezwinger: steigen und schweigen.

Special

Geschichtsverständnis

Der missbrauchte Berg

Der Obersalzberg war Hitlers Alpenfestung. Heute leistet ein Dokumentationszentrum gezielte Aufklärungsarbeit – und der Freistaat ließ sogar ein Luxushotel errichten.

Wer die Vergangenheit nicht kennt, kann die Gegenwart nicht verstehen und die Zukunft nicht gestalten. Im Sinne dieser allgemeingültigen Feststellung wurde 1999 das Dokumentationszentrum am Obersalzberg als quasi steingewordenes Bollwerk gegen die unselige Geschichte dieses Areals errichtet. Galt es doch Assoziationen mit jenen Jahren zu vermeiden, die das gesamte Gebiet einst ideologisch verminte. In schönster Bergpanoramakulisse hatte sich die Führungsriege des Nazi-Regimes um Hitlers Berghof herum ihre Ferienhäuser bauen lassen. Es galt als besondere Auszeichnung, hier im Führersperrgebiet von Hitler oder der inoffiziellen Hausherrin Eva Braun im privaten Rahmen empfangen zu werden. Nach dem Krieg ließen die US-Streitkräfte den Großteil der Gebäude zerstören. Wallfahrer mit brauner Gesinnung wollte man auf keinen Fall hier haben, weshalb sich die Dokumentation Obersalzberg in einer Dauerausstellung mit den verschiedenen Facetten des NS-Regimes auseinandersetzt. Im Jahr 2005 ließ der Freistaat auch ein Luxusresort errichten. Es soll dazu beitragen, dass der Obersalzberg wieder wird, was er einst war – eine beliebte Fremdenverkehrsregion inmitten wunderbarer Natur. Denn Tourismus auf dem Obersalzberg ist keine neue Idee, ließ doch bereits in den 1870er-Jahren Mauritia Mayer hier die »Pension Moritz« eröffnen. Damit wurde sie hier zur Pionierin des Tourismus – Kultur- und Wirtschaftsprominenz machten seinerzeit das Gros der Gäste aus. Und so ist es nur folgerichtig, wenn auf dem Berg der einstigen Nazi-Elite nun wieder die Kosmopoliten eingekehrt sind.

Wanderer auf dem Weg durchs Klausbachtal

Kein Gebirge ohne Wasserfall: Almbachklamm bei Marktschellenberg (oben)
Noch nicht so ganz ein Wildwasser: Rafting auf der Berchtesgadener Ache bei Marktschellenberg (unten)

Blick vom Malerwinkel auf die Ramsauer Kirche St. Sebastian an der Ramsauer Ache

Almleben

WILDE HEIMAT

Almen prägen seit Generationen das Leben im Berchtesgadener Land. Im einzigen Alpen-Nationalpark Deutschlands müssen Naturschutz, Landwirtschaft, Kulturpflege und Verwilderung harmonieren. Ein Besuch auf der Bindalm im Klausbachtal.

Im morgendlichen Licht zeigen die mächtigen Mühlsturzhörner, warum man sie auch die Ramsauer Dolomiten nennt. Golden leuchten die markanten Zackenberge in der aufgehenden Sonne über dem Klausbachtal. Wenn am Vormittag die ersten Wanderer auf der Bindalm eintreffen, um sich mit selbst gemachtem Schüsselkäse und Buttermilch zu stärken, hat die Sennerin schon einige Stunden harter Arbeit hinter sich. Im Sommer heißt es auf der Alm früh aufstehen, denn wenn es so früh hell wird, stehen ab 4.00 Uhr morgens die Kühe vor der Hütte und warten darauf, gemolken zu werden.

Die Bindalm liegt am Ende des Klausbachtals und ist eine typische Nachtweide, bei der das Vieh tagsüber im Stall und in der Nacht draußen ist. Die Kühe haben so ihre Ruhe vor lästigen Insekten – und vor allzu neugierigen Touristen auch. Denn als die Tiere noch den Tag über draußen verbrachten, hätten so manche Besucher sich schon mal an einer ihrer Kühe zu schaffen gemacht und versucht, sie mit der Hand zu melken, erzählt die Sennerin Marianne Schmuck.

DIAGNOSE ÜBERS TELEFON

Marianne verbrachte 1954 ihren ersten Almsommer auf der Bindalm, da war sie gerade mal 19 Jahre alt. Das tüchtige Mädel aus Maria Gern war für die Kühe und Kälber des Bauern vom Kressenlehen in Bischofswiesen verantwortlich, bis sie den jungen Bauern heiratete und selbst Bäuerin wurde. »Melken, buttern, Käse machen – alles musste damals von Hand erledigt werden. Strom gab es noch keinen«, sagt Marianne, die immer froh war, dass sie nie ganz alleine auf der Alm war. Vier Hütten, sogenannte Kaser, gab es seinerzeit noch auf der Bindalm, wovon heute nur mehr zwei bewirtschaftet sind. Krank war die Sennerin in all den Jahren hier oben nur einmal. Zum Doktor runter ins Tal gehen kam für sie überhaupt nicht in Frage. Schließlich hatte sie seit 1994 einen Telefonanschluss. »Jetzt huste mal ins Telefon«, bat der Arzt seine Patientin, lauschte kurz und hatte gleich die Diagnose parat: Bronchitis. Ihr altes bäuerliches Wissen um die Heilkräfte von Pflanzen und Kräutern brachte die Sennerin schon bald wieder auf die Beine.

Wegkreuz: Auf der Bindalm wird noch auf höheren Beistand vertraut (oben). Bewirtschaftete Almhütte Kressenkaser auf der Bindalm (links)

UNGEWOHNTE FREIHEITEN

Doch im Alter von weit über 80 Jahren musste sich Marianne schweren Herzens eingestehen, dass die Kühe mittlerweile stärker sind als sie. Deshalb half in den Sommerferien Enkelin Moni mit. Die Ende-Dreißigjährige erinnert sich gerne an ihre Kindheit bei der Oma auf der Bindalm. Fernsehen gab es keines, deshalb musste man für die Unterhaltung selber sorgen. Moni tobte ungestört über die wilden Almwiesen, badete in Gumpen – natürlichen steinernen Wasserbecken.

»Heute dürfen Kinder immer weniger, und wenn sie groß sind, sollen sie plötzlich alles können«, sagt die gelernte Erzieherin, die inzwischen selber einen Sohn hat und mit ihrer Familie auf den Obersalzberg gezogen ist. Deshalb hat Marianne nun für die Almarbeit regelmäßig eine Sennerin engagiert: Martina kam einst als Touristin auf die Bindalm, wo es ihr so gut gefallen hat, dass sie in ihrem Job als Verkäuferin mal Pause machen wollte, um für einen Almsommer lang als Sennerin zu arbeiten. Also kümmerte sich die über Fünfzigjährige jeden Tag um zwei Milchkühe und sieben Jungtiere.

Zwei Hütten werden hoch über dem Klausbachtal bewirtschaftet – hier die Nachbarhütte (oben). Vier Generationen trafen sich zu diesem Almsommer auf der Bindalm (unten).

Brunnen auf der Bindalm im Klausbachtal, dahinter die Mühlsturzhörner – zwei Gipfel der Reiter Alm

EINZIGARTIGE KULTURLANDSCHAFT

Die Bindalm ist Teil des im Jahr 1978 gegründeten Nationalparks Berchtesgaden. Zwar wird die Natur hier im Prinzip sich selbst überlassen, aber die Almwirtschaft darf gleichzeitig noch auf traditionelle Weise erfolgen, weil man die bis ins 14. Jahrhundert zurückreichenden Erbrechte der Bauern bei Gründung des Nationalparks berücksichtigen musste. Ohne die Kühe wären die Almwiesen zudem schnell wieder von Bergwald bewachsen, und eine mittlerweile einzigartige Kulturlandschaft mit seltenen Pflanzen und Tieren würde unweigerlich für immer verschwinden.

Ursprünglich hatte die Almwirtschaft damit begonnen, dass die Bauern das Vieh im Sommer von ihren Höfen hinauf in die Berge trieben, weil im Tal das Futter nicht reichte. Heute hält man aus Gründen der Tradition und auch wegen der besseren Qualität von Milch und Fleisch daran fest. Denn das Gras auf der Alm ist feiner als das im Tal und reicher an Kräutern und Almblumen. Die Almfläche der Kaser ist allerdings meist vergleichsweise klein und die Verköstigung der Wanderer mit Produkten aus eigener Herstellung daher ein willkommenes Zubrot.

Doch ganz egal ob bei Marianne, Martina oder Moni – über alle Generationen hinweg blieb eines gleich: Für die Sennerinnen bedeutet eine Alm harte Arbeit. Für die Gäste ist sie dagegen Erholungs- und Rückzugsort. Hektische Großstädter finden meist nur langsam in die Stille hinein. Doch dann merken auch sie: Hier steht die Zeit zwar nicht still, aber hier gehen die Uhren genau richtig.

Informationen

Zu Fuß: Wandern auf die Bindalm in 2 bis 2,5 Std. vom Klausbachhaus, der Informationsstelle des Nationalparks Berchtesgaden. Die Alm ist von Anf. Juni bis Ende Sept. bewirtschaftet.
Mit dem Bus: Zwischen dem Hintersee in Ramsau und der Gemeinde Lofer in Österreich verkehrt von Mai bis Okt. der Almerlebnisbus. Von der Haltestelle Bindalm oder Hirschbichl sind es nur wenige Minuten (www.almerlebnisbus.com).
Unterkunft: Die Bindalm bietet keine Übernachtungsplätze, jedoch der Bauernhof Kressenlehen in Bischofswiesen, zu dem die Alm gehört (Kressenweg 16, 83483 Bischofswiesen, Tel. 08652 14 11, www.kressenlehen.de).
Senner auf Zeit: Der Almwirtschaftliche Verein Oberbayern vermittelt Almpersonal (www.almwirtschaft.net).

Von Anfang Juni bis Ende September ist die Bindalm bewirtschaftet. Dann gibt es hier – wie auch auf vielen anderen Almen – eine deftige Brotzeit.

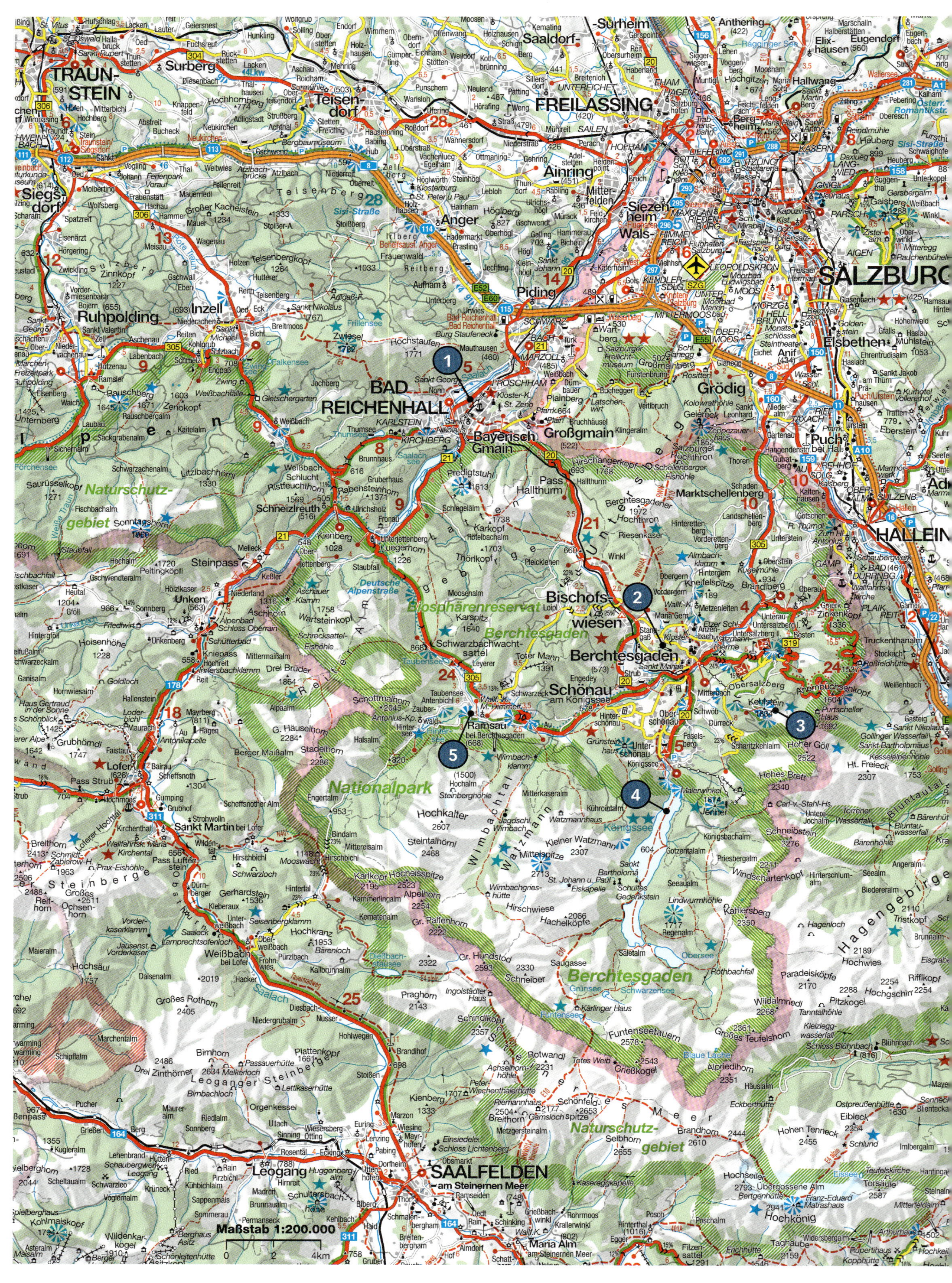

Traunstein
Surberg
Teisendorf
Saaldorf-Surheim
Freilassing
Ainring
Anger
Siegsdorf
Piding
Salzburg
Ruhpolding
Inzell
Bad Reichenhall
Bayerisch Gmain
Großgmain
Grödig
Anif
Elsbethen
Puch
Hallein
Schneizlreuth
Marktschellenberg
Bischofswiesen
Berchtesgaden
Schönau am Königssee
Ramsau
Unken
Lofer
Sankt Martin bei Lofer
Weißbach bei Lofer
Saalfelden am Steinernen Meer
Leogang
Maria Alm am Steinernen Meer
Naturschutzgebiet
Nationalpark Berchtesgaden
Biosphärenreservat Berchtesgaden
Deutsche Alpenstraße
Königssee
Obersee
Hochkalter
Watzmann
Hoher Göll
Hochkönig
Steinernes Meer
Leoganger Steinberge
Maßstab 1:200.000
0
2
4km
1
2
3
4
5

EINFACH KÖNIGLICH

Vom König der Berge, dem Watzmann, bis zum Königssee trumpft das Berchtesgadener Land mit einer Landschaft der Superlative auf. Wo früher bayerische Könige gern zur Jagd gingen, warten auch heute noch spektakuläre Naturerlebnisse und hochkarätige Sehenswürdigkeiten.

1 Bad Reichenhall

1890 verlieh Prinzregent Luitpold der Stadt (18 800 Einw.) das Prädikat »Bad«. Viele historische Bauten erinnern an Zeiten, als es in der feinen Gesellschaft schick war, hier zu kuren. Dank der Solequellen floriert bis heute der Kurbetrieb. Die einzige Großsaline Bayerns (Bad Reichenhaller Markensalz) verarbeitet im Jahr ca. 900 000 m³ Sole zu Salz.Die Salzgewinnung reicht bis in keltische Zeit zurück und war über Jahrhunderte hinweg Streitpunkt mit Salzburg.

SEHENSWERT
Mittelpunkt des **Kurviertels** sind **Kurgarten,** 1868 von Carl Effner angelegt, neubarockes **Königliches Kurhaus** (1900), in dem heute Konzerte, Bälle und Kongresse stattfinden, das **Kurmittelhaus** (1928, Jugendstil), das sich gesundheitlichen Aspekten widmet, das **Gradierhaus** (1910), ein Freiluftinhalatorium (April bis Okt.), die neubarocke **Trinkhalle** (1912) und die Alte Saline (1840–1851). Zum **Kloster St. Zeno,** einst Augustiner-Chorherrenstift, gehört das Münster aus dem 12. Jh., die größte romanische Basilika im südlichen Bayern.

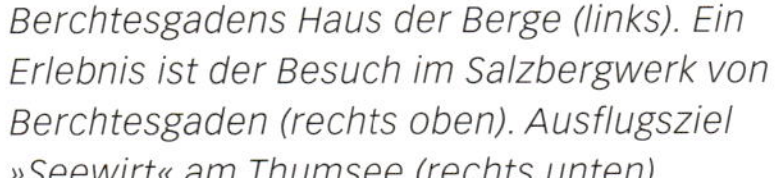

Berchtesgadens Haus der Berge (links). Ein Erlebnis ist der Besuch im Salzbergwerk von Berchtesgaden (rechts oben). Ausflugsziel »Seewirt« am Thumsee (rechts unten)

Tipp

Dem Salz auf der Spur

Der Salzalpensteig führt vom Chiemsee über den Königssee bis an den Hallstätter See in Österreich. Der 230 km lange Weg folgt in 18 Tagesetappen den Spuren des Salzes, einst eines der kostbarsten Handelsgüter der Alpen. Die Streckenführung ist in moderatem Schwierigkeitsgrad gehalten; die Wege können kombiniert oder abgekürzt werden. Der Wanderer erfährt Wissenswertes über Salzvorkommen, die Geschichte der Salzgewinnung sowie über die Orte entlang der Strecke.

INFORMATION
SalzAlpenSteig und -Touren,
Tel. 08652 69 05 49,
www.salzalpensteig.com

MUSEUM
Die **Alte Saline TOPZIEL** ermöglicht einen interessanten Gang durch das historische Stollennetz, in dem noch Originalmaschinen wie die riesigen Wasserräder im Brunnhaus erhalten sind (www.alte-saline.de, April–Okt. tgl. 10.00–16.00, sonst Di.–So. 11.00–15.00 Uhr). Der **Museumsshop** führt verschiedene Gourmet- und Wellness-Salze.

AKTIVITÄTEN
Gesundheit-Concierge erteilen kostenfreie Beratung über Kur-Kliniken, Fachärzte, Solequellentraining und Sportmöglichkeiten, (www.bad-reichenhall.de/gesundheits-concierges, Tel. 08651 715 11-66 u. -40).
Die **Rupertus Therme** ist ein Wellness- und Familien-Center, das sich auf Sole und Salz spezialisiert hat (Friedrich-Ebert-Allee 21, Tel. 08651 76 22 0, www.rupertustherme.de; tgl. 10.00–21.00/22.00 Uhr).
Die **Predigtstuhlbahn** befördert als älteste Seilschwebebahn der Welt seit 1928 ihre Gäste in 8,5 Minuten auf den 1613 m hohen Predigtstuhl (www.predigtstuhlbahn.de; Bergrestaurant mit Kaffeeterrasse).

HOTEL & RESTAURANT
Bei der **€€ Villa Rein** trifft der historische Charme eines Jugendstilhauses auf die moderne Zimmerausstattung eines Boutique-Hotels (Frühlingstr. 8, 83435 Bad Reichenhall, Tel. 08651 76 19 70, www.hotel-villa-rein.de).
Das **€€€ Salin** im Salinengebäude bietet im Sommer salzige Festwochen (Alte Saline 2, Bad Reichenhall, Tel. 08651 717 49 07, www.salin-reichenhall.de).

INFORMATION
Tourist-Information Bad Reichenhall,
Wittelsbacherstraße 15,
83435 Bad Reichenhall,
Tel. 08651 71 51 10,
www.bad-reichenhall.de

2 Berchtesgaden

Aus dem 1108 gegründeten Augustiner-Chorherrenstift wurde im 15. Jh. Deutschlands kleinstes Fürstentum, das dank der von Kaiser Friedrich I. Barbarossa verliehenen Forst- und Salzrechte zu Wohlstand und im Zuge der

Säkularisierung als Marktgemeinde Berchtesgaden (heute 7700 Einw.) im Jahr 1810 zu Bayern kam.

SEHENSWERT
Am **Marktplatz** finden sich der **Löwenbrunnen** (1558) und das **Hirschenhaus** (16. Jh., Marktplatz 3) mit einer der ältesten Fassadenmalereien Oberbayerns, die menschliche Laster in Affengestalt veranschaulicht.
Das **Schloss** ist von verschiedenen Stilrichtungen (Romanik, Gotik, Barock, Rokoko) geprägt. Das einstige Stift diente nach 1818 den Wittelsbachern als Jagdschloss und bis heute als Wohnsitz (www.schloss-berchtesgaden.de; nur mit Führung, Mitte Mai–Mitte Okt. So.–Fr. 10.30, 12.00, 14.00 u. 15.30, sonst Mo.–Do. 11.00 bis 14.00, Fr. 11.00 Uhr).

MUSEEN
Vor 500 Jahren nahm das älteste aktive **Salzbergwerk** TOPZIEL Deutschlands seine Arbeit auf und gewinnt bis heute jährlich 850 000 m³ Sole. Besucher können Teile des Salzbergwerks im Bergwerkszug, über Holzrutschbahnen und auf einer Bootsfahrt über einen unterirdischen Salzsee erkunden (www.salzbergwerk.de; Führungen tgl., April–Ende Okt. 9.00–17.00, Nov.–März 11.00–15.00 Uhr). Das **Nationalparkzentrum Haus der Berge** ist ein interaktives Informations- und Bildungszentrum rund um den Nationalpark (Hanielstraße 7, www.haus-der-berge.bayern.de; tgl. 9.00–17.00 Uhr).

Tipp

Autokino mit Alpenpanorama

Auf einer Landpartie können Cabrio-Fans in historischen VW-Käfern eine Zeitreise durch die bayerische Alpenlandschaft erleben. Der Münchner Oldtimer-Veranstalter Nostalgic bietet für Freunde des gepflegten Fahrvergnügens eine Tour durchs Berchtesgadener Land im VW Käfer 1303 Cabriolet zum Selbstfahren für Gruppen ab 14 Personen an.

INFORMATION
Nostalgic, Balanstraße 73, Geb. 8, 81541 München, www.nostalgic.de

AKTIVITÄTEN
Der **Salzheilstollen** im Salzbergwerk bietet 45 Personen auf Liegen Platz für die Pflege der Atemgesundheit (www.salzheilstollen.com; auch Übernachtungen und Konzerte).

VERANSTALTUNGEN
Wilde, glockenbehängte Gestalten in Fell und Stroh, **Buttenmandl und Kramperl,** begleiten den Nikolaus am 6./7. Dez. Zur Tradition gehört das Böllerschießen der **Weihnachtsschützen** ab dem 17. Dez.

Berggaststätte und historischer Aussichtspunkt: das Kehlsteinhaus (oben links). Oben rechts: Bildungszentrum am Obersalzberg. Unten: eine Gämse im Nationalpark Berchtesgaden

HOTEL UND RESTAURANT
Das **€€€€ Hotel Edelweiss** im Stadtzentrum bietet vom Rooftop-Wellness-Bereich Alpenpanorama und Altstadtblicke (Maximilianstraße 2, 83471 Berchtesgaden, Tel. 08652 97 99 0, www.edelweiss-berchtesgaden.com).
Das **€€ Bräustüberl** ist ein 1645 erbautes Traditionswirtshaus mit Biergarten (Bräuhausstraße 13, Tel. 08652 97 67 24, www.braeustueberl-berchtesgaden.de).

UMGEBUNG
Die **Schellenberger Eishöhle** am Untersberg ist von Marktschellenberg aus (10 km nördl.) in einer 3-Std.-Bergtour zu erreichen (www.eishoehle.net; Juni–Ende Okt. tgl. 10.00–16.00 Uhr). Am Eingang zur Almbachklamm in Marktschellenberg arbeitet im Sommer Deutschlands älteste **Marmorkugelmühle** (1683; Kugelmühlweg 18, www.gasthaus-kugelmuehle.de).

INFORMATION
Tourismusregion Berchtesgaden-Königssee, Maximilianstraße 9, 83471 Berchtesgaden, Tel. 08652 65 65 05 0, www.berchtesgaden.de

3 Obersalzberg

Der Obersalzberg war ab 1923 Hitlers Feriendomizil und nach 1933 neben Berlin zweiter Regierungssitz.

SEHENSWERT
Die **Dokumentation Obersalzberg** setzt sich mit der Geschichte des Ortes auseinander und hat auch historische Bunkeranlagen zugänglich gemacht. Das bisherige Ausstellungsgebäude wurde zum Bildungszentrum umgebaut. Seit Ende September 2023 ist eine neue Dauerausstellung in einem Erweiterungsbau zugänglich (https://obersalzberg.de, April–Okt. tgl. 9.00 bis 17.00, Nov.–März Di.–So. 10.00–15.00 Uhr).

HOTEL UND RESTAURANT
Das **€€€€ Kempinski Berchtesgaden** bietet in der Abgeschiedenheit des Obersalzbergs perfekten Panoramablick, großes SPA und das mit einem Michelin-Stern ausgezeichnete **PUR** (Hintereck 1, 83471 Berchtesgaden, Tel. 08652 97 55 0, www.kempinski.com).

UMGEBUNG
Obgleich hier keine politischen Entscheidungen fielen, galt das spektakulär gelegene **Kehlsteinhaus** (Eagle's Nest) vielen als Gipfel der Macht. Das Gebäude wurde 1937/1938 über schroffen Steilwänden errichtet, eine Serpentinenstraße in unwegsames Gelände und ein goldglänzender Aufzug in den Berg gebaut. Das Haus, seit 1952 als Berggasthaus geführt, ist nur per Bus erreichbar (Tel. 08652 29 69, www.kehlsteinhaus.de; Mai–Okt.).
Am Obersalzberg beginnt die **Rossfeldstraße,** 15 km Serpentinen und bombastische Bergpanoramen (www.rossfeldpanoramastrasse.de).

INFORMATION
siehe Berchtesgaden.

4 Königssee

Der Königssee gehört zur Gemeinde Schönau (5600 Einw.). Er ist fjordartig zwischen steilen Berghängen am östlichen Fuß des Watzmanns eingebettet und mit 192 m Bayerns tiefster See.

SEHENSWERT
Neben dem See selbst sind die Attraktionen die **Echowand** und die **Wallfahrtskirche St. Bartholomä** (17. Jh.). Der Röthbachfall am Obersee ist mit einer Gesamtfallhöhe von 470 m der höchste Wasserfall Deutschlands.

AKTIVITÄTEN
Elektroboote TOPZIEL bringen Königssee-Besucher von der Seelände in Schönau nach St. Bartholomä und weiter zur Saletalm. Von Mitte Okt. bis Mitte April wird nur St. Bartholomä angefahren (www.seenschifffahrt.de). Von St. Bartholomä reizt eine Wanderung zur **Eiskapelle** (1,5 Std.), einer Eishöhle im am tiefsten liegenden permanenten Schneefeld der Alpen am Fuß der Watzmannostwand.
Die am 17. Januar 1960 als weltweit erste ihrer Art in Betrieb genommene **Kunsteisbahn Königssee** musste nach einem Erdrutsch in der Nacht vom 17. auf den 18. Juni 2021 leider gesperrt werden. Seit Januar 2022 ist zumin-

dest im unteren Teil der Bahn wieder ein provisorischer Trainingsbetrieb möglich (An der Seeklause 43–45, Schönau am Königssee, www.eisarena-königssee.de). Mit der **Jennerbahn** geht es aufs Hochplateau (1802 m) mit herrlichem Blick auf den Königssee (www.jennerbahn.de).

VERANSTALTUNGEN

Beim **Almabtrieb** **TOPZIEL** (Ende Sept.–Mitte Okt.) werden die Kühe auf Boote verladen und über den Königssee gefahren.

HOTEL UND RESTAURANT

Das klimaneutrale **€€ Explorer Hotel Berchtesgaden** bietet funktionale Design-Zimmer und ein Sport-Spa (Hofreitstraße 7, 83471 Schönau am Königssee, Tel. 08652 97 71 50 0, www.explorer-hotels.com).

Im **€ Fischerstüberl** bietet der einzige Königssee-Fischer Mitte April bis Ende Okt. seinen Fang an. Spezialität ab Ende Aug.: geräucherte Saiblinge (St. Bartholomä 3, Schönau, Tel. 08652 31 19, www.fischervomkoenigssee.de).

INFORMATION

Tourist-Information, Seestraße 3, 83471 Schönau am Königssee, Tel. 08652 65 59 80, www.koenigssee.com

5 Ramsau

Das Dorf (1700 Einw.) gilt als erstes Bergsteigerdorf Deutschlands, das sich ganz dem sanften Tourismus, dem Naturschutz und einer nachhaltigen Landwirtschaft verschrieben hat.

SEHENSWERT

Naturliebhaber reisen seit jeher gern in das Dorf, um sich an Bergen, Zauberwald und Hintersee zu erfreuen. Landschaftsmaler fanden unzählige Motive. Die **Pfarrkirche St. Sebastian** (1512) erlangte so besondere Bekanntheit.

AKTIVITÄTEN

Der **Malerweg** führt durch den sagenumwobenen Zauberwald bis an den Hintersee. Auf Schautafeln kann man an bevorzugten Malerstandpunkten die Motive in natura bewundern und vor Ort mit den Gemälden vergleichen.

In Ramsau beginnt ein Aufstieg zur **Watzmannüberschreitung** **TOPZIEL** über das Watzmannhaus (Übernachtungsmöglichkeit): eine hochalpine Tour (10–12 Std.) für erfahrene Bergsteiger.

HOTEL UND RESTAURANT

Das familiengeführte, klimaneutrale **€€€ Berghotel Rehlegg** legt auf Umweltengagement Wert. Es verfügt über ein Almwies'n Spa und Innen- wie Außenpool. In den Restaurants wird Regionales verarbeitet (Holzengasse 16, 83486 Ramsau, Tel. 08657 98 84 0, www.rehlegg.de).

INFORMATION

Tourist-Information, Im Tal 2, 83486 Ramsau, Tel. 08657 98 89 20, www.ramsau.de

AUF SCHATZSUCHE

Diesen Beruf gibt es nur ein einziges Mal: Bergbrenner im Nationalpark Berchtesgaden. Der mehr als 300 Jahre alten Tradition will künftig Max Irlinger das Überleben sichern. Zwischen Juni und Oktober ist er manchmal auch auf der Enzian-Brennhütte am Priesberg (1350 m) anzutreffen, wenn er nicht gerade unterwegs ist, um nach Wurzeln des gelben Enzians zu graben. Gern erklärt er dann Besuchern die Enzian-Herstellung und trinkt mit ihnen ein Stamperl.

Versteckte Almen mit Enzian-Brennhütten oder andere ausgefallene Plätze im Berchtesgadener Land kennen die Activity Concierges vom Kempinski Hotel Berchtesgaden viele, denn sie sind hier zu Hause und begleiten ihre Gäste gern auf individuellen Touren wie zum Bergbrenner, der jedes Jahr wechselnd auf einer anderen Hütte seinen Job verrichtet.

Mit besonderen Grab- und Brennrechten statteten Berchtesgadener Fürstenpröpste die Familie Grassl schon im frühen 17. Jahrhundert aus. Sie mussten die Almen durch maßvolles, aber regelmäßiges Graben von Enzian-Wurzeln milchviehgerecht halten sowie Branntwein brennen und verkaufen. Die kostenlose Nutzung ist rechtlich verbrieft und gilt bis heute.

Die Kunst, aus Enzian direkt am Berg Branntwein herzustellen, will gelernt sein.

»An gleicher Stelle wird mit ein paar Jahren Pause erneut gegraben, damit sich der Enzian wieder erholt«, sagt Irlinger. Die Wurzeln werden dann zerkleinert, gemaischt und vor Ort unter einfachsten Bedingungen gebrannt. Die Enzian-Brennerei Grassl betreibt fünf solcher Brennhütten. Zur Traditionspflege – denn längst wird auch im Tal gebrannt. Der Enzian von einer historischen Brennhütte bleibt aber dennoch etwas ganz Besonderes.

Activity Concierges Kempinski Hotel Berchtesgaden, ab 65 € p. P./Std., Tel. 08652 97 55 1150, www.kempinski.com

Enzian-Brennhütte Priesbergalm (1350 m), zu Fuß vom Parkplatz Hinterbrand in ca. 1 Std. erreichbar.

Enzianbrennerei Grassl, Salzburgerstraße 105, 83471 Berchtesgaden, Tel. 08652 953 60, www.enzian-grassl.com

Mode

Rupertiwinkel

AUF EINEN SPRUNG INS LANDIDYLL

Der Rupertiwinkel rund um den Waginger See schlummert noch im touristischen Dornröschenschlaf. Vor den Toren Salzburgs gelegen, verweist sein Name auf Jahrhunderte der Verbundenheit mit dieser Stadt und ihrem ersten Bischof Rupert. Regionalität und gelebtes Brauchtum stehen hier noch heute hoch im Kurs.

Fahnenschwinger zu Beginn des traditionellen Schwerttanzes auf dem Traunsteiner Stadtplatz am Ostermontag

Heimat ist oftmals kein Ort, sondern ein Gefühl. Sprang man noch vor ein paar Jahren beim sogenannten Dirndlflug als Gaudi in voller Montur in den Waginger See, so lässt man heute wieder traditionelleres Brauchtum aufleben. »Hock di hera – sama mehra! Setz dich dazu, dann sind wir schon mehr«, heißt es an Kirchweih, am dritten Sonntag im Oktober. Denn bis dahin war in der Regel die Ernte eingebracht, sodass auch die Knechte und Mägde ausgiebig mitfeiern konnten.

Als Ausgleich für die schwere Arbeit auf dem Feld zählt der Erntedank besonders auf dem Land zu den wichtigsten und ausladendsten Festen. Zu Musik, Tanz und deftigem Essen gehört auch die fast in Vergessenheit geratene Kirtahutschn, die vor allem in Oberbayern und auch im Rupertiwinkel sehr beliebt ist. Diese große Längsschaukel wurde nur anlässlich des Kirchweih-Wochenendes aufgebaut. Sie besteht aus einem drei bis fünf Meter langen Holzbalken, der mit zwei starken Seilen oder Ketten an den Scheunenbalken eines Stadels befestigt wird. Bis zu zehn Personen finden auf so einer Hutschn Platz. Mit jauchzendem Geschrei schubsten die Knechte die Schaukel gerne besonders fest an, damit die Dirndlröcke der Mägde hoch durch die Luft wirbelten. Ursprünglich nicht für Kinder, sondern für Erwachsene gedacht, ist das Kirtahutschn heute längst wieder zu einer Gaudi für alle geworden.

»GUTE ZEIT UND SCHLECHTE ZEIT – GEHN VORÜBER ALLE BEID.«

Spruch an einer Hausfassade in Waging

SCHÖNSTES DORF IM KÖNIGREICH

Heimat ist längst Trend. Schließlich gilt es bei den Jungen als cool, Tracht als Alltagsgewand zu tragen, und gerne wird dabei auch mal ein Tattoo gezeigt. Selbst

Die Entdeckung von 45 000 Jahre alten Mammut-Knochen führte zum Entstehen des Naturkunde- und Mammut-Museums Siegsdorf, das außerdem eine Privatsammlung mit Versteinerungen aus dem Chiemgau zeigt (oben). Obstblüte im Bergerhof in Marwang bei Grabenstädt (unten)

Die vergoldete Muttergottes auf Angers Mariensäule wurde 1884 im benachbarten Achthal gegossen. Ihre doppelte Zwiebelhaube erhielt Angers Pfarrkirche St. Mariä Himmelfahrt im Zuge der Barockisierung im 18. Jahrhundert.

Das im Jahr 1817 aufgelöste Kloster Höglwörth liegt dekorativ auf einer Halbinsel im Höglwörther See.

In Bayern gibt es vielerorts noch traditionsreiche Trachtenwallfahrten – hier bei der Wallfahrtskirche Maria Eck in Siegsdorf.

Als Georgiritt werden Pferdewallfahrten zu Ehren des hl. Georgs bezeichnet. Der Traunsteiner Ritt am Ostermontag ist mittlerweile eine alte Tradition.

Seit einigen Jahren werden im Anschluss an traditionelle Georgiritte Umzüge veranstaltet – so auch in Traunstein.

Und es gibt historische Aufführungen wie den Schwertertanz: beim Georgiritt in der Innenstadt von Traunstein (links/rechts).

Pilgerwege

Special

Mit Gottes Segen

Als altes Kulturland ist Oberbayern mit seinen Kirchen und Klöstern unübersehbar vom christlichen Glauben geprägt. Und so verlaufen auch viele Pilgerwege durch Chiemgau und Berchtesgadener Land.

Den Anfang macht der voralpine Jakobsweg, der in Ost-West-Richtung von Salzburg über den Chiemsee nach Peißenberg (270 km) führt. Gefolgt vom Benediktweg (224 km), der die Stätten der Kindheit und Jugend von Joseph Ratzinger verbindet, von seinem Geburtsort Marktl am Inn zu seinen Wohnorten Tittmoning, Aschau am Inn und Traunstein. Bis hin zum St.-Rupert-Pilgerweg (369 km) von Passau, München in Richtung Salzburg. Schließlich geht die Bezeichnung Rupertiwinkel auf eben jenen Rupert zurück, der bis heute gerne mit einem Salzfass dargestellt wird. Denn der Salzheilige bekam einst von Herzog Theodor die Reichenhaller Quellsalinen als materielle Basis für

Ettendorfer Kircherl, eine der Pilgerstationen

die Neuchristianisierung. Was viele Menschen zum Pilgern treibt, reicht von echter Spiritualität über die diffuse Sehnsucht nach Selbstfindung oder Abenteuer bis hin zum sportlichen Ehrgeiz oder dem Wunsch dabei zu sein. Schließlich ist Pilgern eine besondere Art zu wandern, eine beliebte noch dazu. Deshalb halten es viele wie der beliebte Komiker und (Pilgerbuch-)Autor Hape Kerkeling – sie sind dann »einfach mal weg«.

Punk-Designerin Vivienne Westwood schickte schon mal Models in feschen Dirndln über den Laufsteg. »Würde jede Frau ein Dirndl tragen«, meinte die Designerin aus London, »gäbe es keine Hässlichkeit mehr.«

Und so gilt das Interesse der jungen Leute inzwischen auch zunehmend dem Regionalen, schließlich möchte jeder in einer globalisierten Welt mit eigenen Ideen und Projekten Individualität beweisen. Und wenn die Welt schon immer mehr zum Dorf wird, kann man eigentlich gleich im Dorf bleiben. Erst recht, wenn es sich um so einen schönen Ort wie Anger handelt, von dem schon König Ludwig I. 1841 schwärmte: »Von nun an ist hier das schönste Dorf in meinem Königreich!«

DER DORFPLATZ SCHLECHTHIN

Anger kann man wirklich kaum verfehlen, überragt doch ein markanter barocker Kirchturm weithin sichtbar die Landschaft. Dass dieses Dorf etwas Besonderes ist, sieht man sofort an seiner weitläufigen Rasenfläche mitten im Ortskern. Das Wort Anger war in den germanischen Sprachen gleichbedeutend mit einem grasbewachsenen Dorfplatz. Hier fanden schon immer Dorffeste statt, wurden die Tiere von Durchreisenden geweidet, oder man hat das eigene Vieh

Petersfeuer, eine Variante der Feuer zur Sommersonnenwende, brennen traditionell Ende Juni in Nußdorf. Dabei wird oft eine Strohpuppe mitverbrannt, der »Peter«. Niedergebrannt, beginnt das Feuerspringen. Dadurch, so der Volksglaube, habe man einen Wunsch frei.

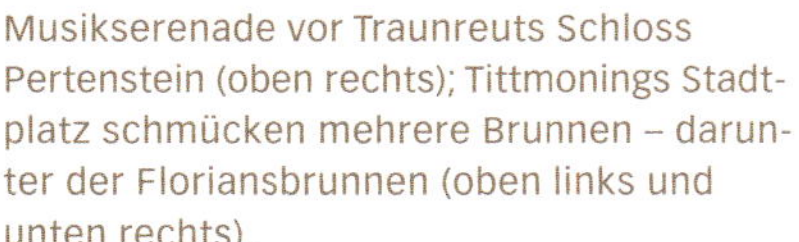

Musikserenade vor Traunreuts Schloss Pertenstein (oben rechts); Tittmonings Stadtplatz schmücken mehrere Brunnen – darunter der Floriansbrunnen (oben links und unten rechts).

Eine der Raumansichten von »European Couples«, ein Kunstwerk von Dan Flavin in Traunreuts Museum »Das Maximum«

Die gotische Stiftskirche Mariä Himmelfahrt in Laufen an der Salzach gehört zu den ältesten ihrer Art.

Besonders schön ist der Kreuzgang der Laufener Stiftskirche Mariä Himmelfahrt.

Blick über die Salzachbrücke von Oberndorf in Österreich nach Laufen an der Salzach

Abendliches Sommerkonzert auf dem Rupertusplatz in Laufen an der Salzach

**»WER NIA FEST LIABT
UND A NED LACHT,
WER WAX UND LEZ IS
UND KOAN FEHLER MACHT,
WER NIA GUAT ISST
UND TRINKT ZUGLEICH, DER IS
LEBENDIG SCHO A LEICH!«**

Spruch an einem Bauernhaus in Petting

hier über Nacht vor dem Schlachten zusammengetrieben. Vielerorts sind diese Freiflächen aus dem Dorfbild verschwunden und längst bebaut worden. In Anger gibt es den weitläufigen Rasendorfplatz noch. Um ihn reihen sich Wohn- und Handwerkerhäuschen mit Schopfwalmdächern und Holzbalkonen samt üppigem Blumenschmuck. Auf dem Platz selbst darf natürlich ein Maibaum nicht fehlen, und an sonnigen Tagen strahlt auf einer hohen Mariensäule die vergoldete Patrona Bavariae mit der Sonne um die Wette.

SPIELZEUGAUTOS UND FLASCHLBROT

Doch nicht nur zur Kirchweih geht es rund auf dem Dorfplatz. 2012 haben es die Anger Bürger ins Guinnessbuch der Rekorde geschafft. Als in der Nachbarschaft der Ferdinand-Porsche-Enkel Hans-Peter Porsche ein Museum für seine historische Spielzeugsammlung bauen ließ, durchstöberten auch die Angerer ihre Keller und Speicher nach eingemotteten Spielzeugautos. Etwas Werbung für ihre Gemeinde und das neue Museum könnte nicht schaden, dachte der Bürgermeister, und als die Spielzeugautoschlange zweieinhalb Mal um den Dorfplatz reichte, war klar, das ist Weltrekord: 9007 Spielzeugautos in einer 959,30 Meter langen Schlange.

Aber auch alte Traditionen wie das Aperschnalzen, das laute Peitschenknallen, um den Winter auszutreiben, das Schuhplattln oder das Kramperllaufen werden in der Gegend noch immer gepflegt. Filmemacher schwärmen, dass es hier noch jede Menge Plätze gibt, die nicht von Stromleitungen oder scheußlichen Wohnblöcken verunstaltet sind. Auch große Discounter findet man kaum, und es hat seinen besonderen Reiz, in Hofläden oder auf einem Bauernmarkt einzukaufen. Ein Flaschlbrot zum Beispiel.

ÖKO IST GANZ ALLTÄGLICH

Im Flaschlbrot ist eine Backmischung aus biologischen Weizenvollkornsorten, die man zum Brotselberbacken in eine Flasche gefüllt hat. In der Region haben sich bereits zehn Gemeinden zur staatlich anerkannten Öko-Modellregion zusammengeschlossen, denn die Nachfrage nach hochwertigen regionalen Lebensmitteln wächst stetig.

Touristisch schlummert die Gegend allerdings noch ein wenig in einem süßen Dornröschenschlaf. Allein deshalb gibt es noch viel Neues zu entdecken. Es lohnt sich also unbedingt, hier mal auf einen Sprung vorbeizuschauen. Es muss ja nicht gleich wie einst ein Sprung samt Dirndl in den Waginger See sein.

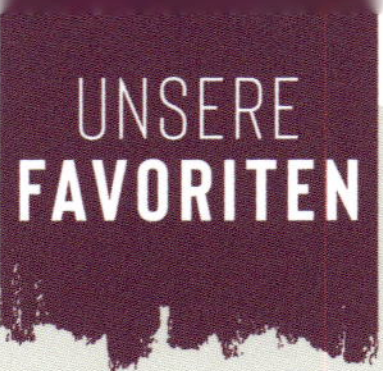

Die schönsten Seen

PARADIESE FÜR WASSERRATTEN

Ein erfrischendes Bad vor imposanter Bergkulisse, eine luftige Fahrt im Bötchen oder im Segelschiff, so fühlt sich ein perfekter Sommer an. Im bayerischen Voralpenland gibt es Seen satt. Von schützenswerten Naturbiotopen, Moor- und Bergseen bis zum Bayerischen Meer ist für jeden Geschmack etwas dabei.

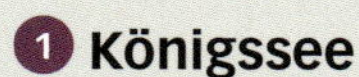

1 Königssee

Er ist wahrlich ein König unter den Seen. Wie aus einem Bilderbuch leuchtet der smaragdgrüne Bergsee vor dem barocken Wallfahrtskirchlein St. Bartholomä und dem dahinter aufragenden Watzmann. Während der Bootsfahrt gibt es das legendäre Echo zu hören. Mit 192 m ist er der tiefste See Bayerns – mit Wassertemperaturen von selten mehr als 15 Grad im Sommer.

www.koenigssee.com

2 Chiemsee

Mit einer Fläche von gut 80 km² ist der Chiemsee Bayerns größtes Binnengewässer. Die Chiemgauer nennen ihn deshalb auch das Bayerische Meer. Hinter seinen südlichen Ufern steigen die Zackenberge der Kampenwand unmittelbar aus der Ebene auf. Die Inseln Herren- und Frauenchiemsee sind Publikumsmagnete. Die besondere Lichtstimmung des Sees zog viele Künstler an.

www.chiemsee-alpenland.de

3 Eggstätt-Hemhofer Seenplatte

Das Naturparadies aus 17 kleinen Eiszeitseen ist Bayerns ältestes Naturschutzgebiet und bietet auf einer Gesamtfläche von etwa 3,5 km² ein Biotop für seltene Pflanzen und Tiere, darunter 50 Libellenarten. Es ist auch ein Rückzugsort für Menschen, die einen See ganz für sich allein suchen. Baden ist nur an ausgewiesenen Stellen (Hartsee, Langbürgner See, Pelhamer See) erlaubt. Der Eintritt ist frei.

www.urlaub-eggstaett.de

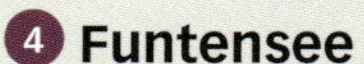

4 Funtensee

Der Funtensee auf 1638 m Höhe gilt als Kältepol Deutschlands. Der Deutsche Wetterdienst hat hier im Dezember 2011 die tiefste Bodentemperatur in Deutschland von -45,8 Grad Celsius gemessen. Einsam ist es auch, denn man kommt nur zu Fuß hierher (Aufstiegszeit von Sankt Bartholomä 3–4 Std.). Dafür gibt es eine Übernachtungsmöglichkeit im Kärlingerhaus mit 160 Schlafplätzen.

www.kaerlingerhaus.de

5 Höglwörther See

Das Wasser ist weich und warm, denn der Höglwörther See ist ein Moorsee (13,5 ha). Einer mit spektakulärer Kulisse noch dazu, denn direkt am See liegt die Klosteranlage des ehemaligen Augustiner-Chorherrenstifts Höglwörth. Das kleine Seebad ist von Mitte Mai bis Anfang September geöffnet, der Eintritt ist frei.

www.berchtesgaden.de/hoeglwoerther-see

6 Thumsee

Der von steil aufragenden Felswänden umschlossene Thumsee verwandelt sich jedes Jahr im Juli in einen großen Open-Air-Konzertsaal, wenn die Reichenhaller Philharmonie auf einer See-Bühne ihr Sommernachtskonzert gibt. Dann machen es sich Tausende Besucher auf der Liegewiese mit Decken und Picknick-Körben bequem. Mit einem spektakulären Feuerwerk heißt es zum Schluss: »Der Thumsee brennt!«

www.bad-reichenhaller-philharmoniker.de/unsere-konzerte/der-thumsee-brennt/

7 Hintersee

Der Zugang zum Hintersee in der Ramsau führt durch eine wildromantische Landschaft mit dem geheimnisvollen Namen Zauberwald. Ein Bergsturz hatte einst dieses urige Gewirr an Felsen, die inzwischen mit üppiger Vegetation bewachsen sind, geschaffen. So entstand auch der Hintersee, der früher die dreifache Ausdehnung hatte. Landschaftsmaler fanden hier unzählige Motive.

www.berchtesgaden.de/hintersee

8 Waginger See

Der Waginger See gilt mit seinen bisweilen geradezu karibischen Wassertemperaturen von bis zu 27 Grad als wärmster See in ganz Bayern. Das Baden ist hier kein Problem, auch wenn durch intensive Landwirtschaft bisweilen doch zu viele Nährstoffe ins Wasser gelangen. Dafür ist aber der Fischbestand besonders hoch. Die Waginger Seefischerei belieferte einst sogar Papst Johannes Paul II. zu Silvester mit Karpfen.

www.waginger-see.de

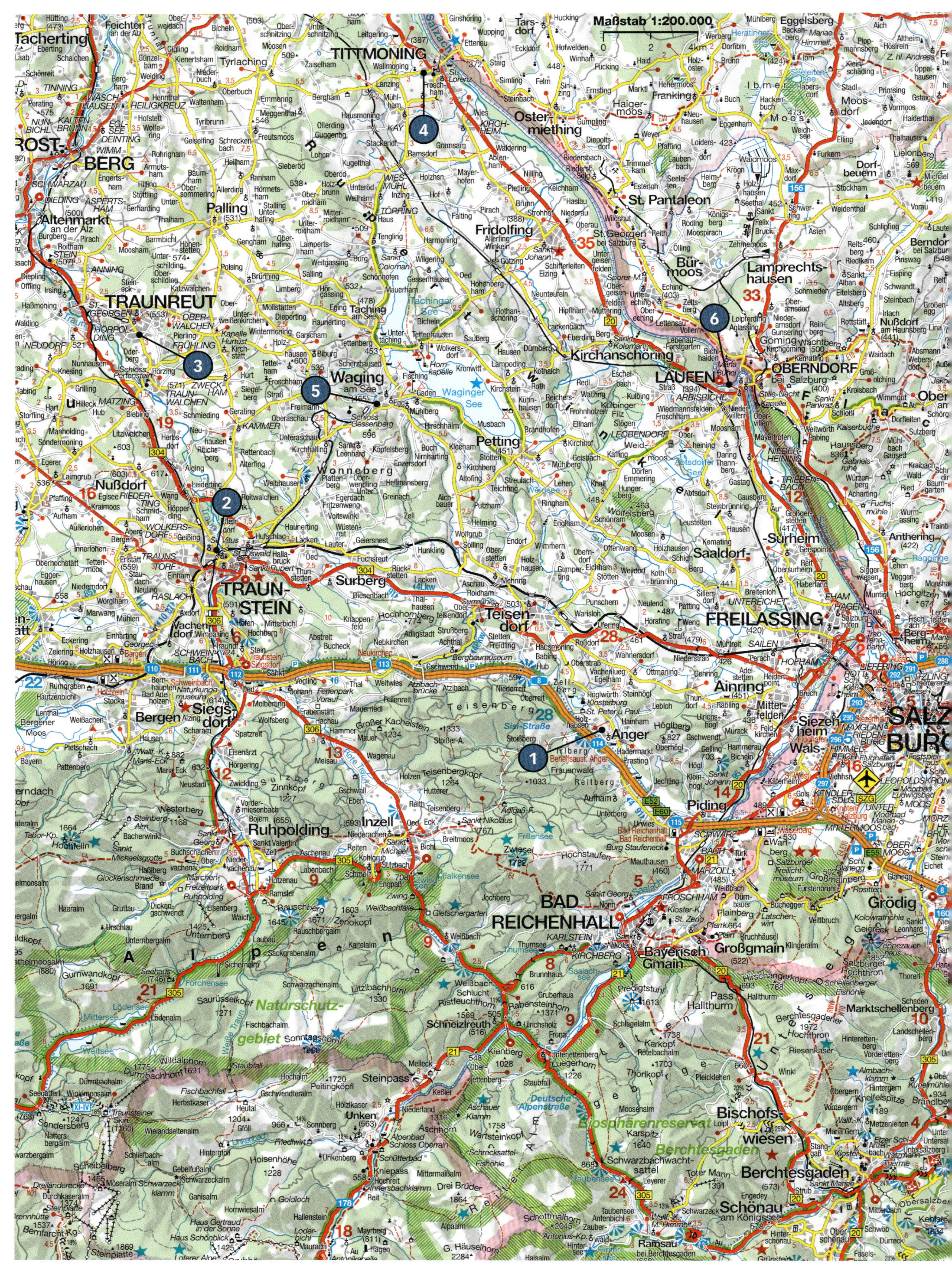

Maßstab 1:200.000
0 2 4km
Tachering
TITTMONING
Ostermiething
Eggelsberg
TRAUNREUT
Palling
Fridolfing
St. Pantaleon
Bürmoos
Lamprechtshausen
Waging am See
Waginger See
Tachinger See
Kirchanschöring
LAUFEN
OBERNDORF
Petting
Nußdorf
TRAUNSTEIN
Surberg
Teisendorf
Saaldorf-Surheim
FREILASSING
Siegsdorf
Bergen
Anger
Ainring
SALZBURG
Inzell
Ruhpolding
Piding
BAD REICHENHALL
Bayerisch Gmain
Großgmain
Grödig
Schneizlreuth
Unken
Bischofswiesen
Berchtesgaden
Schönau am Königssee
Ramsau
Naturschutzgebiet
Biosphärenreservat Berchtesgaden
Deutsche Alpenstraße
Altenmarkt an der Alz
Trostberg
Marktschellenberg
Oberalm
Anthering
1
2
3
4
5
6

ENTDECKER GESUCHT

Schon Jahrhunderte vor Christi Geburt ließen sich im heutigen Rupertiwinkel Stämme nieder, die später zum Volk der Bajuwaren verschmolzen. Darauf verweisen auch viele Ortsnamen der Gegend, die mit der Silbe »ing« enden. Diese Endung stammt aus dem Althochdeutschen und bedeutet sinngemäß »bei den Leuten des ...«. Gemeint ist meist der Anführer einer bayuwarischen Wandersippe (bei »Waging« war das ein Wago).

❶ Anger

Bereits in der Steinzeit war Anger (4500 Einw.) ein Siedlungsplatz. Heute reihen sich kleine Wohn- und Handwerkerhäuschen um einen weitläufigen Rasendorfplatz.

SEHENSWERT

In Anger ist das Gesamtensemble der **Dorfanlage** sehenswert. Die **Pfarrkirche Maria Himmelfahrt** (15. Jh.) ist die älteste ursprünglich spätgotische Landkirche der Region, und augenfällig ist auch die Mariensäule mit der vergoldeten Patrona Bavariae (1884).

MUSEEN

Das **Hans-Peter Porsche TraumWerk** zeigt eine Privatsammlung mit historischem Spielzeug, Modellbahnen und Oldtimern (Zum Traumwerk 1; www.traumwerk.de; Di.–So. 9.00–17.30 Uhr).

HOTEL & RESTAURANT

€€€ Gut Edermann zeigt sich in gediegenem Landhausstil mit 50 Designzimmern, Innenpool, Naturbadeteich und Saunen. Gourmet-Küche mit regionalen Produkten im **Restaurant Mundart** (Holzhausen 2, 83317 Teisendorf, Tel. 08666 92 730, www.gut-edermann.de).

UMGEBUNG

Das ehem. **Kloster Höglwörth** (3 km nördl.; Führungen auf Anfrage, Tel. 08656 98 48 90) liegt mit seiner Rokokokirche auf einer Halbinsel im Höglwörther See. Das Kloster wurde um das Jahr 1125 von St. Peter in Salzburg als Mönchszelle gegründet und ist heute in Privatbesitz einer Brauerei. Alle drei Jahre wird das berühmte »Heilige Grab« aus 81 mit gefärbtem Wasser gefüllten Glaskugeln aufgebaut.
In **Freilassing,** fast schon ein Vorort von Salzburg (19 km nordöstl.), lohnt der Besuch des Eisenbahnmuseums Lokwelt. Auf 17 Gleisen sind Exponate aus 150 Jahren Eisenbahngeschichte zu sehen. Kernstück der Anlage ist ein Rundlokschuppen (1902–1905) mit imposanter Drehscheibe (Westendstraße 5, www.lokwelt.freilassing.de; Fr., Sa. u. So. 10.00–17.00 Uhr).

INFORMATION

Tourist-Information, Dorfplatz 4, 83454 Anger, Tel. 08656 98 89 22, www.anger.de.

Zu Hans-Peter Porsches TraumWerk gehört diese Modelleisenbahn (links). Traunsteins Stadtplatz mit dem wiedererrichteten Jacklturm (rechts)

❷ Traunstein

Die Große Kreisstadt Traunstein (21 000 Einw.; Stadtrecht 14. Jh.) gilt als Zentrum des Chiemgaus und ehem. Wirkungsstätte von Papst Benedikt XVI. Dank ihrer Lage an der Salzstraße kam die Stadt im Mittelalter zu beträchtlichem Wohlstand. Trotz großer Stadtbrände 1704 und 1851 weist das Zentrum noch stattliche Bürgerhäuser auf.

SEHENSWERT

Der **Stadtplatz** mit dem Lindlbrunnen bietet Häuser mit den prächtigsten Fassaden aus dem 19. Jh. Im Stadtteil Au sind neben der **Salinenkapelle** (1631) noch Anlagen der **Saline** (bis 1912) zu finden. In der **Pfarrkirche St. Oswald** (Ursprung im 12. Jh., nach Stadtbrand 1704 barockisiert) feierte Joseph Ratzinger seine erste Messe; der Bau zeigt zahlreiche barocke Gemälde und alte Fresken.

MUSEEN

Hinter den historischen Mauern des Heimathauses und des benachbarten Brothausturms ist das **Stadt- und Spielzeugmuseum** untergebracht; es schlägt einen weiten Bogen von den Anfängen der Stadt bis hinüber zur Gegenwart (Stadtplatz, www.spielzeugmuseum-traunstein.de; April–Okt. Di.–Sa. 10.00–15.00, So. bis 16.00 Uhr).

AKTIVITÄT

Der Schriftsteller Thomas Bernhard (1931–1989) setzte mit der autobiografischen Schrift »Ein Kind« der Stadt seiner ungeliebten Kindheit ein literarisches Denkmal. **Spaziergänge auf den Spuren Bernhards** organisiert die Stadtbücherei (www.stadtbuecherei-traunstein.de).

VERANSTALTUNG

Der **Georgiritt** mit Schwertertanz am Ostermontag ist eine der größten Pferdewallfahrten. Die Prozession führt mit etwa 400 Tieren zum spätgotischen Ettendorfer Kirchlein (1470).

RESTAURANTS

Das **€€ Hofbräuhaus** (seit 1612) ist die größte Brauerei der Gegend (Hofgasse 6, Traunstein, Tel. 0861 98 866 0, www.hb-ts.de; Brauereiführungen Mo. 18.00, Di. 11.00 u. 14.00, Mi. u. Sa. 11.00, Do. 14.00 u. 18.00 Uhr). Die Geschichte des **€€ Mesnerwirts St. Johann** geht ins 16. Jh. zurück und ist mit dem Mesnerdienst in der benachbarten Kirche verbunden (St.-Johann-Straße 22, Siegsdorf, Tel. 08662 74 30, www.mesnerwirt-stjohann.de).

UMGEBUNG
Die Hauptattraktion **Siegsdorfs** ist das Naturkunde- und Mammut-Museum mit dem Skelett eines 3,6 m großen, 45 000 Jahre alten Mammuts, das man im Jahr 1985 in der Gegend ausgegraben hat (Auenstraße 2, www.museum-siegsdorf.de; Ostern–Allerheiligen tgl. 10.00–17.00 Uhr).
Das benachbarte **Bad Adelholzen** war eines der ältesten Heilbäder Bayerns. Heute füllen hier die Barmherzigen Schwestern vom hl. Vinzenz von Paul neben dem Heilwasser der Primusquelle auch verschiedene Mineralwässer und Lifestyle-Getränke ab. Ein großer Teil des Verkaufsgewinnes wird für soziale Zwecke verwendet (www.adelholzener.de).

INFORMATION
Tourist-Information, Stadtplatz 39, 83278 Traunstein, Tel. 0861 65 50 0, www.traunstein.de

3 Traunreut

Die Stadt (21 000 Einw.) entstand 1938 aus einer Munitionsanstalt der Wehrmacht und erhielt 1950 den Namen Traunreut. Sie ist die größte Stadt im Landkreis Traunstein und zugleich Europastadt.

SEHENSWERT
Das **Schloss Pertenstein,** idyllisch am Ufer der Traun gelegen, blickt auf eine 700 Jahre alte Geschichte zurück. In früheren Jahrhunderten waren solche kleinen Landschlösschen und Adelssitze typisch für den Chiemgau. Heute finden hier meist sommerliche Veranstaltungen statt (www.schloss-pertenstein.de).

Tipp

Letzte Fähre

Mit einem Fährmann zum Biergarten, das klingt nach einem Ausflug wie in alten Zeiten. Nördlich von Traunreut in Altenmarkt kann man tatsächlich einen Fährmann rufen und mit einem kleinen Holzkahn zum »Gasthaus Roiter« übersetzen. Diese Alzfähre ist eine der letzten Seilfähren Bayerns. Seit 1915 in Betrieb, wird sie mit Hilfe eines ausgeklügelten Seilmechanismus von der Flussströmung angetrieben. Das Gasthaus war einst ein Bauernhof – die Fähre wurde eingerichtet, um schneller zum Einkauf und zur Kirche zu kommen. Doch bald benutzten sie auch die ersten Gäste. Das Herbeirufen des Fährmanns erfolgt über einen Seilzug, und soll auch in Zukunft kostenlos sein. Ein Trinkgeld ist das auf jeden Fall wert.

INFORMATION
www.roiter.de

Tittmonings Burg ist heute Museum (links). Blick auf Laufens Altstadt (rechts oben). In Waging am See lässt es sich bestens flanieren (rechts unten).

MUSEUM
Maximal minimalistisch ist dieses Museum für Gegenwartskunst im sonst recht unspektakulären Traunreut. Der Galerist Heiner Friedrich holte schon in den 1960er-Jahren zusammen mit Franz Dahlem Werke der Popart und des Minimalismus nach München und vergrätzte damit einige Kritiker. Nach erfolgreichen New Yorker Jahren eröffnete er in einer früheren Fabrikhalle seines Vaters **Das Maximum** mit Werken, die auch der bayerischen Landeshauptstadt zur Ehre gereichen würden: Andy Warhol, John Chamberlain, Walter de Maria und Dan Flavin sowie Georg Baselitz, Imi Knoebel, Maria Zerres und Uwe Lausen (Fridtjof-Nansen-Straße 16, Tel. 08669 120 37 13, www.dasmaximum.com; April–Sept. Sa u. So. 12.00 bis 18.00, sonst bis 16.00 Uhr).

UMGEBUNG
In **Trostberg** (11 600 Einw.) ist in der Altstadt die Nähe zur Inn- und Salzacharchitektur unübersehbar. Für die lange, enge Häuserzeile, die sich zwischen Alz und den Schlossberg zwängt, war wenig Platz. Deshalb sind die dem Fluss zugewandten hölzernen Giebel-, Balkon- und Laubenfronten auf- und abgestapelt, im Volksmund »Trostberger Orgel« genannt.

INFORMATION
Touristik Verein, Rathausplatz 3, 83301 Traunreut, Tel. 08669 85 70, www.traunreut.de
Tourist-Information, Rathaus, Hauptstraße 24, 83308 Trostberg, Tel. 08621 80 11 30, www.stadt-trostberg.de

4 Tittmoning

Eine imposante Burganlage, einst Sommerresidenz der Salzburger Bischöfe, thront unübersehbar über der 1234 gegründeten Grenzstadt (6000 Einw.) mit einem gut erhaltenen Altstadtkern und einer Stadtmauer aus dem 14. und 15 Jh.

SEHENSWERT
Die **Burg** wurde im 13. Jh. als Grenzfeste errichtet und 1620 umgebaut. Der **Stadtplatz** zeigt die Bauweise des Inn-Salzach-Stils mit seiner für die Salzachstädte typischen Fassadengestaltung (Scheinfassaden). Hier stehen Floriansbrunnen (1706), Mariensäule (1758), eine Statue des Heiligen Johann von Nepomuk (1717) und das im 15. Jh. erbaute Rathaus mit Prunkfassade von 1711, deren Nischen nach italienischem Vorbild goldgefasste Porträtbüsten römischer Imperatoren bergen. Das Gebäudeensemble war in der TV-Serie »Königlich Bayerisches Amtsgericht« zu sehen.

MUSEUM
Die Burg Tittmoning beinhaltet heute das **Museum Rupertiwinkel** mit Volkskunst aus dem bäuerlichen Leben (Mai–Sept. Mi.–So. 14.00–17.00 Uhr).

VERANSTALTUNG
Bei den historischen **Burgtagen** im Aug. kann man im September ins Zeitalter des Mittelalters eintauchen und die Welt der Ritter und Edelfräuleins kennenlernen.

INFORMATION
Tourist-Information, Stadtplatz 2a, 84529 Tittmoning, Tel. 08683 70 07 10, www.tittmoning.de

5 Waging am See

Waging (6800 Einw.) war schon keltischer und römischer Siedlungsplatz und gilt auch als die Wiege der Bayern. Der Markt und Luftkurort liegt am 6,2 km langen Waginger See, dem mit bis zu 27 Grad wärmsten See Bayerns, an dem sich mehrere große Campingplätze befinden und der nur durch eine Überbrückung vom Tachinger See getrennt ist.

SEHENSWERT
Der historische **Ortskern** wird durch Häuser (18./19. Jh.) in typischer Inn-Salzach-Bauweise bestimmt, denn durch Waging führte der Salzweg, der Bad Reichenhall mit Wasserburg am Inn verband. Lohnend ist auch ein Spaziergang entlang der Strandpromenade.

MUSEUM
Das **Bajuwarenmuseum** zeigt Funde aus bajuwarischen Reihengräberfeldern, darunter Schmuck und Waffen, die vom Leben der Bajuwaren vor 1500 Jahren zeugen (Salzburger Str. 32, Tel. 08681 313; Okt.–Mai Mo.–Fr. 8.00–16.00, Juni–Sept. bis 17.00, Sa. 9.00–13.00 Uhr).

HOTEL & RESTAURANTS
Der **€€€ Wellnessgarten Waging** bietet Zimmer und Suiten direkt im Wellnessgarten und das **Restaurant Seestüberl** mit Wintergarten (Am See 7, 83329 Waging am See, Tel. 08681 47 84 80, www.wellness-hotel-tennis.de). Der **€€ Oberwirt Otting** ist ein Traditionswirtshaus mit regionalen Schmankerln Holzhauser Straße 2, Otting, Tel. 08681 4 52 87, www.oberwirt-otting.de).

INFORMATION
Tourist-Information, Salzburger Straße 32, 83329 Waging am See, Tel. 08681 313, www.waginger-see.de

6 Laufen an der Salzach

Die Altstadt von Laufen (7200 Einw.) liegt in einer Flussschleife der Salzach. Ortsgeschichte und wirtschaftlicher Aufschwung sind mit der Salzschifffahrt (bis 1866) verbunden. Die 1903 erbaute Salzachbrücke führt nach Oberndorf auf österreichischer Seite.

SEHENSWERT
Auch die Laufener **Altstadt** zeigt sich großteils in Inn-Salzach-Bauweise. Teile der mittelalterlichen **Stadtmauer** (13. Jh.) blieben erhalten. Im Alten Rathaus (15.–17. Jh.) wurde der Saal vom in Laufen geborenen Barockmaler Johann Michael Rottmayr (1654–1730) gestaltet. Die **Stiftskirche Mariä Himmelfahrt** (Urspr. 1330, 17. Jh.) gilt als älteste gotische Hallenkirche Süddeutschlands.

AKTIVITÄTEN
Beliebt sind nächtliche **Laternen-Stadtführungen** mit einem mittelalterlich gekleideten Nachtwächter (www.stadtlaufen.de).

VERANSTALTUNGEN
Die **Salzachfestspiele** im Juli sind ein vielgestaltiges Open-Air-Kulturfestival im westlichen Hof von Schloss Triebenbach (Urspr. 14. Jh.). Himmelbrotschutzen an Fronleichnam und das sommerliche **Schifferstechen** (Mitte Aug.) sind Erinnerungen an die Salzach-Schifffahrt.

UMGEBUNG
In **Oberndorf**, bereits in Österreich gelegen und via Brücke über die Salzach erreichbar, erklang an Heiligabend 1818 in der Gedächtniskapelle erstmals das Weihnachtslied »Stille Nacht, Heilige Nacht«.

INFORMATION
Tourist-Information, Rathausplatz 1, 83410 Laufen, Tel. 08682 89 87 49, www.stadtlaufen.de

EINMAL ABHEBEN

Leuchtende Seen, steile Berge und saftige Wiesen. Die unvergleichliche Natur des Alpenvorlandes erlebt man besonders eindrucksvoll von oben: beim Ballonfahren, Gleitschirm- oder Segelfliegen. Das Fliegen ist ein uralter Menschheitstraum, dessen Realisierung von den Pionieren einst eine gehörige Portion Mut und technisches Können verlangte. Heute muss man längst kein Draufgänger mehr sein, um als Passagier in einem Doppelsitzer-Gleitschirm Platz zu nehmen und bei einem Piloten mitzufliegen.

Im Chiemgau herrscht eine sehr gute Thermik, und Berge und Wiesen eignen sich perfekt als Start- und Landepisten. Um mit dem Heißluftballon abzuheben, liegen die meisten Startplätze rund um den Chiemsee. Von hier beginnt die Fahrt mit einem grandiosen Blick auf die Chiemsee-Inseln, und bald schon liegen einem der ganze Chiemgau, der Rupertiwinkel und das bayerische Alpenvorland zu Füßen. Oft bis 3000 Meter hoch schwebt man über den Dingen und genießt einen Rundumblick mit Sichtweiten bis zu 200 Kilometern, die so nicht einmal Bergsteigern auf den höchsten Gipfeln vergönnt sind.

Gleitschirm-Startpunkt auf dem Rauschberg bei Ruhpolding

Da setzt mancher gleich zur Alpenüberquerung an. Wie es sich anfühlt, wenn dabei Adler neben einem durch die Lüfte fliegen, haben Piloten von Segelflugzeugen, Gleitschirmen oder Drachenfliegern übrigens im Internet dokumentiert. Virtuell kann so auch mit in die Luft gehen, wer lieber am Boden bleibt.

Luftige Begegnung mit Adler & Co.: www.dbu.de/OPAC/ab/DBU-Abschlussbericht-AZ-20444.pdf

Gleitschirmfliegen: Tandemschnupperflüge ab 135 €, Informationen beim Deutschen Gleitschirm- und Drachenflugverband (Am Hoffeld 4, 83703 Gmund am Tegernsee, Tel. 08022 96 75 0, www.dhv.de).

Ballonfahren: Ballonfahrt 1,5 Std. ab 209 €, Alpenüberquerung ab 1500 €/Pers. Infos beim Deutschen Freiballonsport-Verband (Postfach 20 01 07, 85509 Ottobrunn, www.dfsv.de).

Segelfliegen: Die Deutsche Alpen-Segelflugschule ist eine der ältesten in der Region; Schnuppertag ab 150 € (Streichenweg 40, 83246 Unterwössen, Tel. 08641 69 87 87, www.dassu.de).

Zwischen Inn und Alz

*

STADT, LAND, FLUSS

*

Im Westen des Chiemgaus liegen zwischen Inn und Alz schmucke Städte wie Wasserburg am Inn und Rosenheim, hinter deren Fassaden manche Besonderheit wartet. Während bei einer Landpartie früher Reisende einige Gefahren zu bestehen hatten, lassen sich hier heutzutage vor allem die beschaulichen Seiten des Landlebens genießen.

Das frühere Kloster Seeon versteht sich bis heute als wichtige Kultur- und Bildungsstätte in Oberbayern.

Die klassische Art, in Wasserburg anzureisen: Rote Brücke über den Inn und Brucktor

»VON WASSERBURG AUS GLAUBTE ICH IN DER TAT, MEINEN HINTERN NICHT GANZ NACH MÜNCHEN BRINGEN ZU KÖNNEN!«

Wolfgang Amadeus Mozart (1756–1791)

Wer glaubt, alte Tradition und junges Leben würden nicht zusammenpassen oder eine kulturelle Integration sei etwas für unverbesserliche Träumer, der kann sich in Wasserburg vom Gegenteil überraschen lassen. Denn diese mittelalterliche Puppenstubenstadt mit ihren vielen alten Geschichten und der inselgleichen, fast vollständig vom Inn umflossenen Altstadt wirkt dennoch jung. Blutjung sogar. Achtzehn verschiedene Schulen und Bildungseinrichtungen gibt es, und so tummeln sich inmitten der etwa 13 000 Einwohner täglich auch knapp 6000 Schüler. Werden Besucher und Bewohner Wasserburgs gefragt, was sie an der Stadt schätzen, dann geraten sie meist ins Schwärmen: Südländisch, weltoffen, lebendig, kulturbegeistert und multikulturell sei es hier. Vielleicht ist das der Grund, weshalb Menschen aus mehr als 60 Nationen in der Stadt leben und zum jährlichen Nationenfest inzwischen jeden Sommer 10 000 Besucher zu Musik, Tanz und internationalem Essen erscheinen.

NICHTSCHWIMMER UND WUNDE HINTERN

Wasserburg ist aber auch voller alter Geschichten. Viele haben natürlich mit den Salzhandelswegen zu tun, die einst auch diesen Ort wohlhabend gemacht hatten. Als Schiffer waren zu jener Zeit allerdings nur Nichtschwimmer gefragt, weil die notgedrungen nicht gleich von Bord sprangen und die kostbare Fracht im Stich ließen, wenn es galt, Piratenangriffe oder gefährliche Stromschnellen zu überstehen.

Aber auch auf dem Landweg war eine Reise hierher früher nicht unbedingt komfortabel. Wolfgang Amadeus Mozart berichtete seinem Vater von der Qual, als seine Postkutsche mit einem Radbruch in Wasserburg strandete: »Dieser Wagen stößt einem doch die Seele heraus! Und die Sitze hart wie Stein! Von Wasserburg aus glaubte ich in der Tat, meinen Hintern nicht ganz nach München bringen zu können! Er war ganz schwielig und vermutlich feuerrot. Zwei ganze Posten (rund 30 Kilometer) fuhr ich, die Hände auf dem Polster gestützt und den Hintern in den Lüften haltend.«

TYPISCHE LANDMARKEN

Fuhr man seinerzeit durch die Region, waren kleine Adelssitze und Landschlösschen typische Landmarken für die Gegend. So wie Schloss Weikertsham. Versteckt zwischen Feldern und Bauernhöfen liegt das im späten Mittelalter als Patrizierhaus erbaute Kleinod auf dem östlichen Innhochufer in der Nähe von Wasserburg. Das turmartige Schlösschen

Raum war seit jeher Mangelware auf der Wasserburger Innschleife. Deshalb wurde schon früh sehr verdichtet gebaut – was die gemütliche Stadtatmosphäre – hier um das frühere Schloss – verstärkt (rechts oben und Mitte rechts).

Die Laubengänge am Wasserburger Marienplatz beherbergen manch gastliche Stätte (links unten), worauf schön gestaltete alte Geschäfts- und Restaurantschilder hinweisen (links oben).

Wasserburgs Rathaus neben der Liebfrauenkirche am Marienplatz wurde im 19. Jahrhundert historisierend überformt.

In dem auf einer Insel im Seeoner See gelegenen ehemaligen Kloster kann man auf eine mehr als 1000 Jahre währende Geschichte zurückblicken.

FA-Museum in Amerang: Auf der Zeitreise durch mehr als 100 Jahre deutsche Automobilgeschichte begegnet einem auch dieser Maybach – natürlich fahrbereit.

Seeons wiederholt umgebaute Klosterkirche St. Lambert ist für ihre Fresken aus der Renaissance bekannt.

In der Wendelsteinhöhle ist die Höhlenbildung für alle Besucher gut nachvollziehbar dargestellt.

Am Simssee bei Bad Endorf finden Sommerurlauber vier kostenlose Badeplätze.

Special

Lifestyle-Biere

Gut gebraut

Nach mehr als 500 Jahren Reinheitsgebot mischen innovative, experimentelle Brauer wie »Camba« in Seeon-Seebruck den Biermarkt auf.

In Bayern ist ein Sommer ohne Bier kaum vorstellbar. Dabei schenken die meisten Gaststätten nur Bier von ausschließlich einer Brauerei aus. Um eine möglichst große Vielfalt anbieten zu können, entstand einst noch in Truchtlaching aus einer Bierforschungs- und Versuchsanlage eine Privatbauerei, die »Camba Bavaria«. Benannt nach dem keltischen Namen für Braupfanne, Camba – schließlich war der Ort einst eine Keltensiedlung. Inzwischen werden ständig neue Biersorten entwickelt, bislang waren es mehr als 250 – vom traditionellen Weißbier über fruchtiges Pale Ale bis hin zum Imperial Stout. Ausgeschenkt werden sie in der eigenen Brauereigaststätte.

Biervielfalt wird vor allem bei jungen Leuten geschätzt. Deshalb hat die Bierszene viele interessante Kreationen hervorgebracht, die nach Zitrus, Grapefruit, Kakao oder Chili schmecken oder riechen. Es sind spezielle Hopfensorten, die diese Aromen entwickeln. Aber lässt sich dies mit dem 500 Jahre alten Reinheitsgebot vereinbaren? Wer – wie die Bier-Künstler von »Camba« – mit Bier experimentiert und dabei sogar Zutaten wie Koriander und Orangenschalen verwendet, der darf dieses Getränk zwar nicht mehr als Bier anbieten – aber eines ist sicher: Hier braut sich einiges zusammen (www.camba-bavaria.de).

mit seinen Fresken an der Giebelfront ist umgeben von Bäumen und einem Garten mit Seeteich. Hausherrin Martina Pfeiffer sitzt bei einem Glas Wein an einem Holztisch im Grünen, die Sonne scheint, die Frösche quaken, und die Vögel zwitschern. Eine Szenerie wie inszeniert für das Fotoshooting eines Landhaus-Magazins. Dabei war der Weg zu ihrem Landidyll alles andere als beschaulich.

EDLE GÄSTE

»Als ich zum ersten Mal in Weikertsham war, sah ich eine Ruine und kein Schloss«, sagt Pfeiffer. Das Anwesen war im späten 18. Jahrhundert in bäuerliche Nutzung übergegangen, wurde als Unterstand für Vieh verwendet, und alle Fresken wurden übertüncht. Es waren zähe Verhandlungen, den Eigentümer zum Abschluss eines Erbpachtvertrages auf 60 Jahre zu bewegen, erinnert sich Martina Pfeiffer. Die Raumausstatterin ließ sich von einem Architekten und Denkmalpfleger beraten, und mit der Zeit entstand ein detailliertes Instandsetzungskonzept. Die gelungene Rekonstruktion wurde sogar mit dem Hypo-Kulturpreis für Denkmalpflege ausgezeichnet. Ihren neuen Wohnsitz hat die Schlossbesitzerin mit französischen und englischen Antiquitäten ausgestattet. Zwei Zimmer vermietet sie inzwischen an

Zu einem bayerischen Trachtentreffen gehört Blasmusik: beim Trachtenumzug durch Rosenheim zum Gaufest (rechts). Im Festzelt wird sich anschließend fast schwindlig gedreht (unten).

Es mangelt nicht an Nachwuchs (links). Das jedes Jahr an einem anderen Ort stattfindende Gaufest zieht Trachtengruppen aus ganz Oberbayern an und gehört zu den größten Veranstaltungen der Trachtler in Bayern (rechts).

Nicht nur Trachten werden beim Gaufest in Rosenheim präsentiert, sondern auch die Instrumente der Blaskapellen durch die Stadt getragen.

IN ROSENHEIM WAREN SCHON VIELE HÄUSER SCHAUPLATZ IN EINEM TV-KRIMI DER »ROSENHEIM COPS«: ETWA DAS RATHAUS ALS POLIZEISTATION.

Urlauber. So kann man sich auf Schloss Weikertsham als Gast – zumindest vorübergehend – wie eine edle Schlossdame oder ein erlauchter Schlossherr fühlen.

MITTELALTER IN ROSENHEIM

Von so einem mittelalterlichen Anwesen träumte auch Mario Mattera. Der Einwanderer italienischer Eltern kam vor mehr als 30 Jahren nach Rosenheim, in eine Stadt, die man schon wegen der schweren Kriegszerstörungen und wegen des Aufbaus nach 1945 als Gegenpol zu Wasserburg betrachten kann – wobei sich dennoch einige stimmungsvolle Ecken erhalten haben. Mattera hat inzwischen eine Ausnahmekarriere vom Tellerwäscher, Kellner, Pizzeria-Besitzer zum Hotelier gemacht, wie man sie eigentlich nur aus Hollywoodfilmen kennt.

»GEGEN ALLES IM LEBEN IST EIN KRAUT GEWACHSEN.«

Spruch im Kräuterkammerl der Rieder'schen Alten Apotheke Rosenheim

Bis ein ihm ein Freund, der Ameranger Architekt Rudolf Rechl, eine neue Idee in den Kopf setzte: Er wollte ihm sein Hotel so umbauen, dass es nicht mehr altern kann, weil es schon alt ist. So entstand im Rosenheimer Stadtteil Heilig Blut das »San Gabriele«. Es gleicht nun einer mittelalterlichen Klosteranlage mit Fresken und Kreuzgewölben, ohne dass es historisch je ein solches Gemäuer an dieser Stelle gegeben hätte. Bei Einsetzen der Dunkelheit flackern in den vielen Nischen dann stimmungsvoll die Kerzen, und im Restaurant servieren als mittelalterliche Mägde und Mönche Gewandete italienische Speisen. Ein älteres Ehepaar fragt den Kellner in der Mönchskutte ganz pietätvoll nach der Tischreservierung. Manchmal hat eine nahezu perfekte Inszenierung eben fast die gleiche Wirkung wie das Original.

Rosenheims Städtisches Museum im Mittertor (oben) und der gastliche Max-Josefs-Platz (Mitte). In der Ausstellung »Urwald« im Lokschuppen Rosenheim (unten)

Rosenheimer Stadtfest am Max-Josefs-Platz, überragt vom Turm der Stadtpfarrkirche St. Nikolaus (oben)
Rundgang mit der Nachtwächterin durch Rosenheim – hier beim ehemaligen Stadteingang Mittertor (unten links)
Rosenheims Ausstellungszentrum Lokschuppen: Gezeigt werden anspruchsvolle Landes- und Sonderausstellungen wie hier über den Regenwald (unten rechts)

Heilquellen und -bäder

WASSER MARSCH!

Wenn es um die Gesundheit geht, vertrauen Einheimische schon seit jeher der Kraft der Natur. Thermal- und Heilquellen stehen hier ebenso hoch im Kurs wie Mineralwasser aus eigenen Brunnen und der Glaube an die Heilkraft von Salz- und Moorbädern.

Im Kurgarten von Bad Reichenhall sprudelt vor dem Gradierhaus der Alpensole-Springbrunnen.

In Vollmondnächten kommen sie in Scharen und nehmen mit Flaschen, Karaffen und Kanistern gleich neben der Kapelle von Leonhardspfunzen Aufstellung. Ihr Interesse gilt jedoch nicht dem kleinen Kirchlein und auch nicht der nächtlichen Jagd von Werwölfen oder sonstigen Untoten. Bei den Nachtaktiven handelt es sich um Quellwasserfreunde, die Wasser aus einem Brünnlein zapfen wollen, das öffentlich zugänglich neben der Kapelle steht. Denn Leonhardspfunzen gilt schon seit jeher als ein besonderes Heilwasser. Eine gleich literweise abgezapfte kostenlose Vollmondabfüllung gilt als besonderes Schmankerl, seit der ortsansässige Mineralwasserabfüller St. Leonhards auf demselben Quellgebiet einige Tiefenquellen erschlossen hat und von seiner »Mondquelle« eine ganz spezielle Vollmondabfüllung in den Handel brachte. Auch wenn Erkenntnisse, nachdem sich die biophysikalische Qualität von Wasser angeblich mit den Mondphasen verändert, eher »grenzwissenschaftlicher« Natur sind – doch der Glaube versetzt ja bekanntlich manchmal Berge.

HÖCHSTE KLINIKDICHTE EUROPAS

Reichliche Vorkommen natürlicher Heil- und Mineralwässer, Kneipp-Kuren, Salz-, Sole- oder Mooranwendungen haben das Alpenvorland seit jeher zu einer interessanten Gesundheitsregion gemacht. Mit mehr als 35 Kliniken besitzt allein das Chiemsee-Alpenland die höchste Klinikbettendichte Europas mit einem umfangreichen Rehabilitations- und Therapieangebot. Seit der Wiederentdeckung der Naturheilkunde vor etwa 175 Jahren begannen immer mehr Gemeinden, sich auf Erholung und Regeneration ihrer Einwohner und Gäste auszurichten und verstärkt auf die heilenden Kräfte der Natur zu setzen. Angefangen beim Weißen Gold, dem für die Region so wichtigen Salz, bis hin zum sogenannten Schwarzen Gold, den Naturmooren.

Deren Heilkraft wird vor allem in Bad Aibling, dem ältesten Moorheilbad und zugleich jüngsten Thermalbad Bayerns, medizinisch genutzt. Das Aiblinger Moor zeichnet dabei ein hoher Anteil an Huminsäuren aus, die ent-

Erinnerung an feudale Kurzeiten: Königliches Kurhaus in Bad Reichenhall (links) – heute ein Tagungszentrum.
Durch die Alte Saline führt Brunnwart Sebastian Hänel (rechts).

zündungshemmend und schmerzstillend wirken sollen. Das 39 Grad warme schwefel-, fluorid- und jodhaltige Heilwasser aus einer Tiefe von fast 2300 Metern kommt in Bewegungs-, Wannen- und Schwefelmoorbädern zur Anwendung.

SCHLAFEN IM SALZBERG

Eine der stärksten Jod-Thermalsolequellen Europas wurde in den 1960er-Jahren in Bad Endorf eher zufällig entdeckt, als man dort nach Erdöl und Erdgas bohrte. Beim Thema Salz haben in der Alpenregion vor allem Berchtesgaden und Bad Reichenhall ihre Ge-

»ALLES, WAS WIR BRAUCHEN, UM GESUND ZU BLEIBEN, HAT UNS DIE NATUR REICHLICH GESCHENKT.«

Pfarrer Sebastian Kneipp (1821–1897)

Chiemgau-Thermen in Bad Endorf (oben) und Rupertus Therme in Bad Reichenhall (unten)

schichte geschrieben. Im Kurmittelhaus der Moderne von Bad Reichenhall bietet das Alpensole-Mineralheilbad eine Kombination schul- und alternativmedizinischer Heilmethoden. Die Rupertus Therme versucht dagegen, für einen größeren Kundenkreis ein modernes Konzept aus Wellness und Therme, Sport- und Familienbad erfolgreich umzusetzen.

Unter Tage hingegen ist der Besucher in Berchtesgaden im einzigen Salzheilstollen Westeuropas von Millionen bernsteinfarbener Salzkristalle umgeben. Im Bauch des Salzberges ist in 800 Metern Tiefe die Luft völlig frei von schädlichen und reizenden Umwelteinflüssen. Und so soll das salzhaltige Klima besonders bei Atemwegserkrankungen und Allergien Linderung verschaffen. In angenehm warme Kuscheldecken gehüllt, lässt sich hier entspannt auf Liegen eine Stunde oder sogar eine Nacht lang gesundes »Meeresklima« einatmen.

Um den Menschen Gutes zu tun, begann auch die Kongregation der Barmherzigen Schwestern in einem der ältesten Heilbäder Bayerns, in Bad Adelholzen bei Siegsdorf, das Heilwasser der Primusquelle abzufüllen. Heute reicht die Palette längst bis hin zu Lifestyle-Getränken. Etwa 635 Millionen Flaschen füllen die Klosterschwestern alljährlich ab und bringen so ihr Mineralwasser in den Handel. Hintergrund Ihres Tuns ist allerdings nach wie vor der Dienst am Menschen, wird doch ein beträchtlicher Teil des Verkaufsgewinns für soziale Zwecke verwendet.

GEGEN EIN BLÖDES GESICHT

Eine ganz besondere Heilquelle sprudelt im Traunsteiner Stadtteil Empfing. Der Volksmund nennt sie die Augenkapelle. Schon der bayerische Herzog Wilhelm V. kam im Jahr 1584 nach Bad Empfing zur Kur, weil seine Leibärzte dem Wasser heilende Wirkung gegen »Gicht, Verstopfung, Sterilität, Lähmungen, rinnende Augen« und sogar gegen ein »blödes Gesicht« bescheinigten. Um die 80 Wannen wurden täglich mehrmals gefüllt, die man den Gesundheitsreisenden vor allem im Frühjahr ans Herz legte: »Im Mai braucht man ein Wannenbad, das macht die Krummen wieder grad.« Im 20. Jahrhundert kam der Badebetrieb zum Erliegen, und mit zunehmender Bebauung lieferte auch die Quelle immer weniger Wasser. Die Augenkapelle allerdings ist geblieben. Und so sieht man hier gelegentlich noch, wie sich Leute ihr Gesicht waschen. Denn »blöd« will schließlich keiner aussehen.

Informationen

Therme Bad Aibling, Lindenstraße 32, 83043 Bad Aibling, Tel. 08061 906 62 00, www.therme-bad-aibling.de
Tourist Information Bad Endorf, Bahnhofsplatz 2, 83093 Bad Endorf, Tel. 08053 30 08 50, www.bad-endorf.de
Rupertus Therme, Eingang Therme Friedrich-Ebert-Allee 21, Eingang Familienbad Paepkestraße, 83435 Bad Reichenhall, Tel. 08651 76 22 0, www.rupertustherme.de
Salzheilstollen Berchtesgaden, Bergwerkstraße 85a, 83471 Berchtesgaden, Tel. 08652 97 95 35, www.salzheilstollen.com
Adelholzener Alpenquellen, St.-Primus-Straße 1, 83313 Siegsdorf, Tel. 08662 620, www.adelholzener.de

Tief im Bauch des Berges: Im Salzheilstollen von Berchtesgaden lässt es sich gut entspannen.

WASSERBURG
GRAFING bei München
Edling
Pfaffing
Eiselfing
Schnaitsee
Amerang
Obing
Seeon-
Pittenhart
Kienberg
Aßling
Emmering
Ramerberg
Rott
Griesstätt
Schonstett
Halfing
Höslwang
Vogtareuth
Tunten-hausen
Schechen
Söchtenau
Bad Endorf
Eggstätt
Seebruck
Breitbrunn
Gstadt am Chiemsee
Chiemsee
Groß-karolinenfeld
BAD AIBLING
KOLBERMOOR
ROSENHEIM
Prutting
Rimsting
Prien am Chiemsee
Stephanskirchen
Riedering
Bernau
Übersee
Frasdorf
Rohrdorf
Raubling
Neubeuern
Samerberg
Aschau im Chiemgau
Grassau
Marquartstein
Unterwössen
Brannenburg
Flintsbach
Nußdorf
Schleching
Reit im Winkl
Kössen
Walchsee
Niederndorf
Oberaudorf
Kiefersfelden
Ebbs
Wendelstein
Maßstab 1:200.000
1
2
3
4

LANDPARTIE MIT KUNST UND KULTUR

Die Region zwischen den Flüssen Inn und Alz ist landschaftlich geprägt von vielen Hügeln und Seen. Mit reichlich Kunst, Kultur und Gewerbe warten dagegen die beiden traditionsreichen Städte Wasserburg und Rosenheim auf – eine vielseitige und abwechslungsreiche Gegend.

1 Wasserburg am Inn

Die inselähnliche 1000-jährige Altstadt Wasserburgs (12 500 Einw.) wird beinahe vollständig vom Inn umflossen. Mittelalterlich geprägt, wechseln in ihren engen Gassen alte Handwerkshäuser mit saalartigen Plätzen und gewölbten Laubengängen ab. Der auf Salzhandel basierende Wohlstand endete, als 1504 die Salzstapelrechte an Rosenheim gingen. Heute prägen viele Künstler und Studenten das Leben der auch durch Industrie bestimmten Stadt.

SEHENSWERT

Die **Altstadt TOPZIEL** betritt man durch das massive **Brucktor** (1470), durch das früher die Salzstraße führte. Das **Kernhaus** (1738) besitzt eine der schönsten Rokoko-Fassaden Süddeutschlands von Johann Baptist Zimmermann. An die ehemalige Kornschranne erinnern die Eingangshalle des **Rathauses** (15. u.19. Jh.) und das Brothaus, in dem bis in die 1970er-Jahre Backwaren angeboten wurden. Der Turm der **Frauenkirche** (um 1325) gehörte früher nicht zum Gotteshaus, sondern war ein Stadtturm mit Stadtwächterwohnung.

MUSEEN

Das **Museum Wasserburg** zeigt Exponate aus der Stadtgeschichte und erklärt bekannte Sprichwörter anhand historischer Objekte. Untergebracht ist es in einem typischen Altstadthaus der Inn-Salzach-Bauweise mit Grabendach, einer gotischen Wohnhalle, Lagerräumen und einem von Arkaden gesäumten Innenhof (Herrengasse 15; www.wasserburg.de/museum; Mai–Sept. Di.–So. 13.00–17.00, sonst Di.–So. 13.00–16.00 Uhr). Die **Bierkatakomben** sind ein in den Kellerberg gegrabenes System aus Gängen und Gewölben. Als Sommerbierkeller dienten sie vor 200 Jahren der Lagerung des im Winter gebrauten Biers (www.wasserburg.de/bierkatakomben/startseite; Führungen über die Gästeinformation).

VERANSTALTUNGEN

Das **Nationenfest** in der Altstadt bietet Tanz, Musik und internationale Gastronomie (Aktionsbündnis Rio Konkret, www.rio-konkret.de; Sa. Mitte Juni). **Wasserburg leuchtet:** Historische Hausfassaden werden ab 20.00 Uhr mit modernen Lichteffekten illuminiert (erster Fr. nach den bayerischen Sommerferien, www.wasserburg-leuchtet.de).

HOTEL UND RESTAURANT

€€ **Schloss Weikertsham** ist ein schön restauriertes Landschlösschen, eingerichtet mit Antiquitäten. Die Besitzerin vermietet zwei Zimmer (Weikertsham 11, 83512 Wasserburg am Inn, Tel. 08071 5 13 38, www.schloss weikertsham.de).
Das €€€ **Herrenhaus** hat eine kleine Speisekarte mit regionaler Saisonküche im Ambiente eines historischen Stadthauses (Herrengasse 17, Wasserburg am Inn, Tel. 08071 597 11 70, www.restaurant-herrenhaus.de).
Im **Baderbräu** am Schnaitsee haben ein paar Freunde die hohe Kunst des Brauens perfektioniert. Es gibt auch eine kleine Brotzeit (15 km östl.; Baderweg 4, Schnaitsee, Tel. 0176 32 35 70 45, www.baderbraeu.de).

INFORMATION

Gäste-Information, Marienplatz 2, 83512 Wasserburg am Inn, Tel. 08071 1 05 22, www.wasserburg.de

Tipp

Kunst am Wegesrand

Mit dem Wechsel der Jahreszeiten verändern auch die Kunstobjekte am Skulpturenweg in Wasserburg ihre Wirkung. Das macht diese Galerie im Freien so einzigartig. Hinzu kommt, dass witterungsbedingt immer wieder Objekte ausgetauscht werden. So bleibt der Skulpturenweg lebendig. 1988 entwickelte der hiesige »Arbeitskreis 68« die Idee, zeitgenössische Kunst aus der Galerie zu holen und damit den Naturraum zu gestalten. Etwa 30 Skulpturen sind rund um die Altstadt entlang dem begrünten Hochdamm an der Innschleife auf einem 1,5 km langen Spazierweg zu sehen. Es ist die bislang größte Freiluftgalerie Bayerns.

INFORMATION

www.arbeitskreis68.de/skulpturenweg

Kunst am Wegesrand in Wasserburgs Altstadt (links); die am Ufer der Alz gelegene Kirche St. Johannes der Täufer in Truchtlaching (rechts)

2 Amerang

Der Urlaubsort (3600 Einw.) gilt wegen seines Schlosses, des Bauernhausmuseums und des Automuseums auch als Museumsdorf. Ab dem 11. Jh. bildeten die auf dem Schloss residierenden Familien eine kleine regionale Herrschaft. Der Ort ist von Naturschutzgebieten umgeben.

SEHENSWERT
Die im Ursprung mittelalterliche Rundburg hat mit ihrem italienisch anmutenden dreistöckigen Renaissance-Arkadenhof (16. Jh.) eine unvergleichliche Akustik, die das **Schloss** mit Sommerkonzerten und Schauspielaufführungen über die Grenzen Bayerns bekannt gemacht hat. Zu besichtigen sind die spätgotische Schlosskapelle, der Rittersaal und ein Schlossmuseum (Gruppenführungen nur nach vorheriger Anmeldung). Man kann im Schloss auch übernachten (www.schlossamerang.de).

MUSEEN
Das **EFA Mobile Zeiten**, im März 2019 mit einer multimedialen Ausstellung wiedereröffnet, zeigt von seinen 250 Oldtimern 70 Exemplare von 1886 bis heute und eine der weltweit größten Modelleisenbahn-Anlagen der Spur II (Maßstab 1:22,5; www.efa-mobile-zeiten.de; März, Okt., Nov. Do.–So.; Juni–Sept. Di.–So. 10.00 bis 18.00 Uhr).
Das **Bauernhausmuseum** veranschaulicht ländliche Alltagsgeschichte. Gezeigt werden inmitten von Steuobstwiesen gelegene 17 historische Bauernhäuser, darunter eine Getreidemühle (www.bhm-amerang.de; Ende März bis Anf. Nov. Di.–So. 10.00–17.00 Uhr).

Tipp

Stille Wasser

Sie sind die Stars am See: die gebänderte Prachtlibelle, die frühe Adonislibelle und die ganz seltene zierliche Moosjungfer. 50 Libellenarten gibt es im ältesten Naturschutzgebiet Bayerns, der Eggstätt-Hemhofer Seenplatte, wo die Biologin Ursula Grießer geführte Libellenwanderungen unternimmt. Das Naturparadies aus 17 kleinen Eiszeitseen ist vor etwa 10 000 Jahren entstanden. Gletscher hatten zuerst riesige Eisbrocken zurückgelassen, Flüsse füllten die Landschaft langsam mit Gestein. Als das Eis darunter zerfiel, bleiben Mulden voller Wasser, heute Biotope für viele vom Aussterben bedrohte Pflanzen- und Tierarten. Ein Rückzugsort auch für Menschen, die im Sommer Stille am See ganz für sich allein suchen.

INFORMATION
www.natur-aktiv-erleben.de

Bauernhausmuseum von Amerang (links); Bergstation der Wendelsteinbahn (rechts oben); Pause beim Gaufest in Rosenheim (rechts unten)

AKTIVITÄTEN
Der **Moorlehrpfad Freimoos** befindet sich im Moorgebiet zwischen Amerang (westl.) und Halfing (nördl.). Er gibt Einblick in die geschützte Tier- und Pflanzenwelt sowie in die kulturhistorische Bedeutung des Moores.

UMGEBUNG
Kloster Seeon (15 km östl.) war als ehem. Benediktinerkloster (994–1803) ein kultureller Mittelpunkt des Chiemgaus. Die Mönche unterhielten eine Schule für Buchschreiber und erschlossen die umliegenden Seen mit einem Kanalsystem. In der Seeoner Klosterkirche soll Mozart mehr als 14 Jahre lang regelmäßig auf der Orgel gespielt haben. Heute ist es ein Tagungshotel, www.kloster-seeon.de.

INFORMATION
Tourist-Information, Wasserburger Straße 11, 83123 Amerang, Tel. 08075 91 97 31, www.amerang.de

3 Bad Endorf

Der Kurort (7700 Einw.) zwischen der Eggstätter Seenplatte und dem Simssee ist seit 1963 für seine Jod-Thermalquellen bekannt und ebenso für sein Moorheilbad.

SEHENSWERT
Die **Pfarrkirche St. Jakobus** wurde 1857 errichtet. **Schloss Hartmannsberg** (überwiegend 17. und 18. Jh.) zwischen Schlosssee und Langbürgner See dient nach wechselhafter Geschichte und diversen Umbauten als Kulturstätte des Landkreises Rosenheim.

AKTIVITÄTEN
Die **Chiemgau Thermen** mit 1800 m² Thermenlandschaft haben die stärkste Jod-Thermalsolequelle Europas (Ströbinger Straße 18, www.chiemgau-thermen.de; tgl. 9.00–21.00 Uhr).

VERANSTALTUNGEN
Langstreckenschwimmen am Simssee, jeweils Ende Mai (s. »Ja natürlich«, rechte Seite). Musik und Gesang auf dem »Grünen Hügel«: Gut Immling (6 km nördl.) ist ein Begriff bei Opern- und Musicalliebhabern. Zu den **Festspielen** in der ehem. Reithalle kommen bis zu 16 000 Gäste (Halfing, Tel. 08055 90 34 0, www.immling.de; Hauptspielzeit Juli u. Aug.).

Die **Lokalbahn Bad Endorf Obing** (auch LEO genannt) bietet zwischen Mai und Oktober Fahrten auf der alten Bahnstrecke Bad Endorf–Obing an. Höhepunkte sind die Fahrten mit einem historischen Dampfzug (www.chiemgauer-lokalbahn.com).

INFORMATION
Tourist-Information, Bahnhofsplatz 2, 83093 Bad Endorf, Tel. 08053 30 08 50, www.bad-endorf.de

4 Rosenheim

Die kreisfreie Stadt (63 300 Einw.) erlangte ab dem 13. Jh. als Umschlagplatz für Güter, die auf dem Inn transportiert wurden, wirtschaftliche Bedeutung. 1810 wurde die Stadt nach Reichenhall und Traunstein zum Standort der dritten bayerischen Saline (bis 1958) und erlebte einen weiteren Aufschwung durch den Anschluss ans Eisenbahnnetz. Stadtrechte erhielt Rosenheim 1864. Zu Römerzeiten stand hier ein Kastell zum Schutz der Kreuzung bedeutender Ost-West- und Nord-Süd-Verbindungen. Im Zweiten Weltkrieg war die Stadt wiederholt Ziel alliierter Bombardements.

SEHENSWERT
Von früher fünf Markttoren ist noch das **Mittertor** erhalten, vor 1350 das Osttor des Marktes; als Zollstation trennte es ab dem 15. Jh. den Inneren vom Äußeren Markt. Den **Gillitzerblock,** ein geschlossenes Gründerzeit-Ensemble, ließ der Unternehmer Thomas Gillitzer Ende des 19. Jhs. erbauen; nach Um- und Neubauten ab den 1960er-Jahren, blieben lediglich die Fassaden in der Münchener Straße erhalten. Am **Max-Josefs-Platz** sind noch Bürgerhäuser mit Laubengängen des Inn-Salzach-Stils zu sehen. Die neugotisch umge-

staltete **Stadtpfarrkirche St. Nikolaus** mit Zwiebelturm ist das Wahrzeichen der Stadt (Urspr. 15. Jh.). Das **Rathaus** wurde 1858 als erster Bahnhofsbau der Stadt errichtet und später als Polizeistation der Fernsehserie »Die Rosenheim-Cops« bekannt.

MUSEUM
Das **Ausstellungszentrum Lokschuppen** befindet sich im halbkreisförmigen Backsteinbau einer ehem. Eisenbahnremise (1858; Rathausstraße/Laziseplatz, www.lokschuppen.de; tgl. Mo.–Fr. 9.00–18.00, Sa./So. ab 10.00 Uhr) zeigt völker- und naturkundliche Sonder- und Landesausstellungen. Das **Inn-Museum** widmet sich dem Fluss als Lebensader und Wirtschaftsraum (Innstraße 74, www.wwa-ro.bayern.de; April–Okt. Sa. und So. 10.00–16.00 Uhr).

AKTIVITÄT
Der **Riedergarten,** heute ein kleiner Stadtpark, entstand 1729 als privater Kräutergarten des Stadtapothekers Johann Rieder.

VERANSTALTUNG
Das **Herbstfest** auf der Loretowiese, Rosenheims »Fünfte Jahreszeit«, ist mit seinen mehr als 1 Mio. Besuchern das größte Volksfest Südostoberbayerns; es beginnt am letzten Sa. im Aug. und dauert 16 Tage.

EINKAUFEN
In der **Riederschen Alten Apotheke** (1742) werden etwa 450 getrocknete Heilkräuter und Tees verkauft (www.kraeuterkammerl.eu).

HOTEL & RESTAURANTS
Das **€€ Hotel San Gabriele** wurde 2005 eröffnet, ist aber im Stil von 1510 gebaut; es bietet 38 individuelle Zimmer, teilweise mit Himmelbett, Küchenzeile und Kachelofen (Zellerhornstraße 16, 83026 Rosenheim, Tel. 08031 26 07 0, www.hotel-sangabriele.de). Im Haus befindet sich das **Ristorante Il Convento,** in dem Kellner in Mönchskutten bei Kerzenlicht italienische Speisen servieren (www.ilconvento.de). Die **Kunstmühle** ist ein ehemaliger Industriekomplex (1855–1916), der nach aufwendiger Sanierung zum Ausgehviertel mit moderner Kneipenszene wurde.

UMGEBUNG
Bad Aibling (12 km westl.) ist Bayerns ältestes Moorbad. Highlight ist die Therme (Lindenstr. 32, Bad Aibling, Tel. 08061 906 62 00, www.therme-bad-aibling.de; tgl. 10.00–22.00 Uhr). Die **Wallfahrtskirche Heiligenkreuz** (1668) am südwestlichen Stadtende beeindruckt mit einer gewaltigen Zwiebelhaube.
Mit der ältesten Hochgebirgszahnradbahn Deutschlands geht es auf den **Wendelstein** (1838 m; 29 km westlich, www.wendelsteinbahn.de); es werden auch Höhlenführungen und Fahrten in Vollmondnächten angeboten.

INFORMATION
Touristinformation, Hammerweg 1, 83022 Rosenheim, Tel. 08031 365 90 61, https://rosenheim.jetzt/touristinfo

DIE LANGSTRECKEN-SCHWIMMER

So ein oberbayerischer See ist an warmen Sommertagen schon eine herrliche Sache, um sich abzukühlen. Aber dabei einfach nur am See zu sitzen und die Beine im Wasser baumeln zu lassen, ist manchen dann doch nicht genug. Also nichts wie hinein ins erfrischende Nass – Schwimmen ist gesund, unter den Ausdauersportarten sogar die gesündeste, denn Schwimmen schont die Gelenke und trainiert trotzdem alle Muskelgruppen.

Am Simssee stellen sich deshalb jedes Jahr über 200 Teilnehmer der sportlichen Herausforderung des Langstreckenschwimmens. Einzeln, in Gruppen, als Paar oder Familie, als Schulklasse oder als Firmenmitarbeiter stürzen sie sich in die Fluten. Weil der Simssee kaum tiefer als 22 Meter ist, erwärmt er sich recht schnell. Damit der Schwimmwettbewerb die Teilnehmer an heißen Sommertagen bei Wassertemperaturen von oft mehr als 24 Grad nicht zu sehr zum Schwitzen bringt, findet er nicht mehr im Juli statt, sondern je nach Wetterbedingungen Ende Mai. Die längste Distanz von sechs Kilometern ist übrigens Teil des »Alpen Open Water Cups« und zieht so auch internationale Gäste an.

Zieleinlauf der Kurzstrecke beim Langstreckenschwimmen im Simssee

Doch nicht nur die Profisportler kommen auf ihre Kosten. Auch an den Spaß für die ganze Familie haben die Veranstalter mit einer nur 1,5 Kilometer langen Strecke gedacht. Hobbyschwimmer und Kinder können auch auf einer 400-Meter-Strecke an den Start gehen. Wer auf der langen Distanz Siegerzeiten unter einer Stunde unterbieten will, darf das gerne auch mal im Neopren-Anzug versuchen.

Information und Anmeldung: www.simssee-langstreckenschwimmen.de

Ort: Badeplatz Pietzing, Pietzing 1, 83083 Riedering

Termin: Ende Mai

Hier lohnt der Besuch

ECHTES BRAUCHTUM

Die meisten Traditionsfeste und Bräuche sind aus dem Verlauf eines Kirchenjahres entstanden. Vieles ist noch heidnischen Ursprungs oder reicht bis in die Anfänge der christlichen Zeit zurück. Nur wenige Bräuche haben ganz aufgehört zu bestehen – auch wenn sie sich bisweilen heutigen Zeiten angepasst haben.

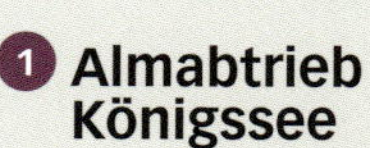

1 Almabtrieb Königssee

Wenn die Kühe im Herbst von den Almen zurück in die Heimatställe kommen, ist das an sich schon eine schöne Sache. Denn sofern der Almsommer gut verlaufen ist, werden die Kühe zum Almabtrieb aufwendig geschmückt. Doch wegen der kaum passierbaren Steilufer am Königssee dürfen sie dort sogar Boot fahren.

www.koenigssee.de

2 Aperschnalzen

Die Faschingszeit ist Hochsaison fürs Aperschnalzen im Rupertiwinkel. Mit dem lauten Knallen von Peitschen versuchte man früher, den Winter zu vertreiben und den fruchtbaren Frühling anzulocken. Aperschnalzen ist immaterielles Kulturerbe der UNESCO. Geschnalzt werden darf allerdings nur vom Stefani-Tag am 26. Dezember bis zum Aschermittwoch. Danach kehrt wieder Ruhe ein.

www.berchtesgaden.de/tradition-brauchtum

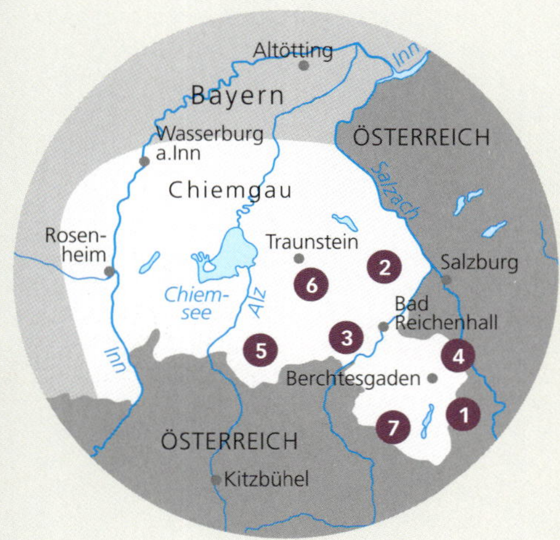

③ Buttnmandllauf

Einzigartig im Berchtesgadener Talkessel findet am 5./6.Dezember der uralte Brauch des Buttnmandllaufs statt. Die Buttnmandl sind komplett in Stroh gekleidet und treten gemeinsam mit dem Nikolaus auf. Sie ziehen mit Glockengeläut und Geschrei von Haus zu Haus. Brave Kinder müssen die Ruten der Buttnmandl nicht fürchten, Erwachsene dagegen werden gern mal mit Schnee eingerieben.

www.berchtesgaden.de/tradition-brauchtum

④ Weihnachts- und Silvesterschießen

In die lautstarke Saison starten ab dem 17. Dezember bis zu 1000 Weihnachtsschützen zwischen Berchtesgaden und Königssee. An Heiligabend wird von 23 bis 24 Uhr auf allen siebzehn Standplätzen um Berchtesgaden geböllert. Mit dem ursprünglich heidnischen Brauch des Schwarzpulver-Böllerschießens soll sowohl das Christkind wie auch das neue Jahr begrüßt werden.

www.berchtesgaden.de/tradition-brauchtum

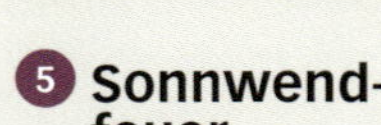

⑤ Sonnwendfeuer

Nach alter heidnischer Tradition wird der Sommer mit Sonnwendfeuern begrüßt. In der Nacht zum 21. Juni hat die Sonne den höchsten Stand des Jahres erreicht, und auf den umliegenden Berggipfeln werden überall Johannisfeuer entzündet. Die Sonnwendfeuer am Hochfelln, Jenner, Rauschberg, Hochschwarzeneck und auf der Kampenwand sind nur ein paar der bekanntesten Berggipfelfeuer.

⑥ Georgiritt

Eine der schönsten und größten Pferdewallfahrten ist der Georgiritt in Traunstein. Am Ostermontag ziehen etwa 400 geschmückte Pferde mit Kutschen, historischen Gruppen und Musik im Festzug vom Stadtplatz hinauf zum Ettendorfer Kircherl, wo sie nach alter Tradition gesegnet werden. Mit dem Georgiritt ist auch ein Schwertertanz auf dem Traunsteiner Stadtplatz verbunden, der den Sieg über den Winter symbolisiert.

www.traunstein.de

⑦ Hochgebirgswallfahrt

Die Wallfahrt von Maria Alm am Hochkönig über das Steinerne Meer bis zum Königssee soll 1635 erstmals stattgefunden haben, als einige Salzburger Bürger als Dank für die überstandene Pest nach St. Bartholomä pilgerten. Es ist die älteste Hochgebirgswallfahrt Europas, an der bis zu 2000 Wanderer, Musiker, Jodler und Pfarrer teilnehmen. Eine Zehn-Stunden-Tour am Samstag nach dem 24. August.

www.berchtesgaden.de/tradition-brauchtum

HILFREICH & NÜTZLICH

Praktische Informationen für die Reise und einiges Wissenswerte über den Chiemgau und das Berchtesgadener Land haben wir hier für Sie zusammengetragen.

Das Gefühl von Freiheit: Mit dem Käfer-Cabrio geht es nach Berchtesgaden.

Auskunft

Überregional: Tourismus Oberbayern München, www.oberbayern.de;
Chiemsee-Alpenland Tourismus, Felden 10, 83233 Bernau am Chiemsee, Tel. 08051 96 55 50, www.chiemsee-alpenland.de;
Chiemgau Tourismus, Stadtplatz 32, 83278 Traunstein, Tel. 0861 90 95 90-0, www.chiemsee-chiemgau.info;
Tourismusregion Berchtesgaden-Königssee, Maximilianstraße 9, 83471 Berchtesgaden, Tel. 08652 656 50-0, www.berchtesgaden.de/home
Regional: Die Tourist-Informationen vor Ort sind auf den jeweiligen Info-Seiten aufgeführt.

Behinderte

Mittlerweile sind viele öffentliche und private Einrichtungen auf Belange von Gästen mit Handicap eingestellt. So sind auch Teile des Nationalparks Berchtesgaden barrierefrei. Genaueres zu behindertengerechten Ausflugszielen im Chiemgau wie im Berchtesgadener Land ist unter www.chiemsee-alpenland.de/entdecken/barrierefreier-urlaub und www.berchtesgaden.de/nationalpark/barrierefreiheit-im-nationalpark zu finden.

Bergnot

Wer in die Berge geht, hat normalerweise ein Handy dabei. Doch nicht überall gibt es Empfang. So ist es ausgesprochen wichtig, das alpine Notsignal zu kennen. Für das SOS am Berg gilt: Sechsmal in der Minute (alle 10 Sek.) ein Zeichen durch Rufen, Pfeifen oder Blinksignal mit Spiegel und bei Dunkelheit mit Taschenlampe geben. Die Notsignale sollten in Abständen von einer Minute wiederholt werden, bis Rufverbindung mit den Helfern hergestellt ist. Sobald man bemerkt worden ist, antworten die Retter mit einem dreimaligen Zeichen je Minute (alle 20 Sek.).

Essen und Trinken

Die bayerische Küche ist hauptsächlich eine Bauernküche. Die Zutaten waren seit jeher einfach. Gekocht wurde mit dem, was das Landleben so hergab: Kartoffeln, Mehl, Eier, Milch, Käse, Butter, Obst und Gemüse, Pilze und Beeren aus dem Wald. Nur fürs Sonntagsessen gab es Schweinebraten, Hühnchen, Fisch oder auch mal Wild, sofern man ein Jagdrevier besaß. Vielleicht ist die einfache Alltagsküche heute gerade deshalb so beliebt, weil in Zeiten des Überflusses das Einfache wieder zu etwas Besonderem wird. Angefangen bei der **Brotzeit.** Sie kann als zweites Frühstück eingenommen werden, ersetzt aber auch schon mal das Mittag- oder Abendessen. Bei einer Brotzeit ist die Auswahl klar definiert: Käse-, Wurst- und Schinkenplatten, Griebenschmalz- oder Butter-Schnittlauch-Brote und ein Obazda (reifer Camembert, der mit Butter, Salz, Pfeffer, Zwiebeln und Paprikapulver angemacht und auf ein Schwarzbrot gestrichen wird), Wurstsalat, Fleischpflanzl (Frikadellen) oder Leberkäs. Auf den Almen ist auch der selbstgemachte (Magermilch-)Schüsselkas beliebt. Schweinswürstl, Wollwürste (ohne Haut), Regensburger, Pfälzer oder Wiener sind ebenfalls Brotzeiten. Immer werden Brezn und Brot gereicht, gern mit einem Bier. Mittags darf es auch ein Radler sein – je zur Hälfte aus Zitronenlimo und Bier.
Geht es um knusprige **Schweinshaxn** und krossen Schweinsbraten, dann ist man schon bei den **Hauptgerichten** angelangt. Und die bestehen hauptsächlich aus viel (Schweine-)Fleisch. Auch **Hendl** (Hähnchen), **Schnitzel** und **Ripperl** (Kassler) sowie Wildgerichte stehen auf jeder regional gefärbten Speisekarte. Ist Saison, werden auch gerne **Schwammerl** (Pilze) gegessen. Der **Tafelspitz,** in Oberbayern auch Tellerfleisch genannt, wurde aus Österreich übernommen, das **Kalbsschäuferl** aus Franken, die **Kässpatzn** aus dem Allgäu. Verwertet wurde in der bäuerlichen Küche alles, auch Euter, Kutteln, Kalbsköpfe und Kälberfüße oder Innereien wurden zu einem Beuscherl verarbeitet, was heute nicht jedermanns Sache sein dürfte. An den Seen werden auch gern **Renke, Saibling** und Forelle auf die Speisekarten gesetzt. Als **Beilagen** gibt es häufig Semmel- und Kartoffelknödel, Kartoffelsalat, Sauerkraut oder Krautsalat.
Traditionell beginnt man mit einer deftigen klaren **Fleischbrühe,** etwa mit Griesnockerl oder Leberklößchen als Einlage, und schließt zum **Dessert** mit einer Bayerischen Creme, Dampfnudeln (Hefegebäck in Vanillesauce) oder Zwetschgenpavesen (Süßspeise aus Zwetschgenmus, Semmeln, Milch, Eiern, Semmelbröseln, Butterschmalz, Zucker und Zimt).

Info

Daten & Fakten

Verwaltung: Oberbayern ist mit gut 17 500 km² und 4,7 Mio. Einwohnern der größte der sieben bayerischen Regierungsbezirke. Es gibt 20 Landkreise in der beschriebenen Region; keine der drei kreisfreien Städte (München, Ingolstadt, Landshut) ist jedoch hier zu finden.
Landesnatur: Der Chiemgau beheimatet auf seinen 1500 km² die bis zu 2000 m hohen Chiemgauer Alpen, das Achental und zahlreiche Seen, darunter den Chiemsee. Wo die Tiroler Ache in den Chiemsee mündet, findet man das größte Binnendelta in Europa.
Das Berchtesgadener Land ist nur gut halb so groß wie der Chiemgau und wird von vor- und hochalpinen Gebieten bestimmt. So erhebt sich der Watzmann bis auf 2713 m Höhe. Um den Königssee erstreckt sich außerdem der einzige alpine Nationalpark Deutschlands.
Bevölkerung: Knapp 300 000 Menschen leben im Chiemgau und im Berchtesgadener Land. Gut 80 % der Bevölkerung gehören der römisch-katholischen Kirche an.
Wirtschaft: Die Regionen sind traditionell bäuerlich geprägt: Land-, Milch-, Alm- und Forstwirtschaft haben bis heute einen hohen Stellenwert. Firmen wie die Bergader Käserei und die Adelholzener Alpenquellen sind über die Gegend hinaus bekannt. Als Tourismusstandorte erlangten der Chiemgau und das Berchtesgadener Land große Bedeutung. Die früher so wichtige Salzproduktion fällt heutzutage dagegen kaum mehr ins Gewicht.

Rast am Purtschellerhaus auf der österreichischen Seite – dahinter liegt der Untersberg.

Bier gilt als Bayerns fünftes Element und gehört als Nationalgetränk untrennbar zur Lebensart. Und das seit jeher: 2016 feierte der Erlass des bayerischen Reinheitsgebots sein 500-jähriges Jubiläum, nach dem im Bier nur Hopfen, Malz, Hefe und Wasser enthalten sein dürfen. Darauf können sich Wirtshausbesucher bis heute verlassen – auch wenn es viele neue Ideen gibt. Etwa in der kleinen Brauerei »Camba« in Seeon-Seebruck (siehe S. 101). Streng an die Vorgaben hält sich dagegen das »Inselbräu« auf Frauenchiemsee. Hier werden das altbayerische Zwickel und süffiges, fruchtiges Weißbier ausgeschenkt. Das »Nahrungsmittel« Bier ist in Bayern Mythos: Seinetwegen wird gefeiert, mit dem Weißbiermonopol des Wittelsbacher Herrscherhauses wurden Vermögen verdient; Preiserhöhungen führen zu kleinen Revolutionen.
Nicht ganz so präsent ist im Alltag der **Gebirgsenzian.** Diese für die Region typische Spirituose ist ein Destillat aus der Wurzel des Gelben Enzians. Das aromatisch-bittere Getränk mit mindestens 37,5 Volumenprozent wird gern nach einem deftigen Essen getrunken, gilt aber auch als bäuerliches Heilmittel. Die wohl bekannteste Enzianbrennerei der Region ist Grassl in Berchtesgaden – Besichtigungen sind möglich (www.enzian-grassl.com).

Preiskategorien

€€€€	Hauptspeisen	über 30	€
€€€	Hauptspeisen	20 – 30	€
€€	Hauptspeisen	10 – 20	€
€	Hauptspeisen	unter 10	€

Feiertage und Feste

Feiertage sind: Neujahr, Heilige Drei Könige (6. Jan.), die Ostertage, der 1. Mai, Christi Himmelfahrt, Pfingsten und Fronleichnam, Maria Himmelfahrt (15. Aug.), der Tag der Deutschen Einheit (3. Okt.), Allerheiligen (1. Nov.) und die Weihnachtsfeiertage am 25. und 26. Dez.
Feste werden im Jahreslauf viele gefeiert (einige sind auch auf S. 114/115 beschrieben): **Faschingsfestivitäten** beschränken sich weitgehend auf Faschingssonntag bis Faschingsdienstag. Der Tradition nach findet der oberbayerische Fasching, abgesehen von den letzten drei Tagen, eher im Saal beim Ball als auf der Straße mit Umzügen statt.
Am Ostermontag finden vielerorts **Georgiritte** statt, zu Ehren des hl. Georg. Die größte dieser Pferdewallfahrten ist der Georgiritt in Traunstein mit etwa 400 geschmückten Pferden.
Am 1. Mai hat das **Maibaumaufstellen** fast überall große Tradition. Bis heute darf der Maibaum geklaut werden. Meist geschieht dies von Burschen des Nachbarorts, die mit reichlich Brotzeit und Bier entlohnt werden müssen, damit sie den Maibaum wieder herausgeben.
Der Juni steht im Blickpunkt zahlreicher **Fronleichnamsprozessionen.** Ebenso bunt wird der **Almabtrieb** gefeiert, wenn im Herbst das Wetter schlecht wird, also meist im Okt.
Überall wird am 6. Nov. das **Leonhardifest** mit prächtig geschmückten Pferden und Kutschen begangen. Den Jahresschlusspunkt setzen im Dez. die vielen **Weihnachtsmärkte.** Einer der Schönsten ist auf der Fraueninsel zu finden.

Kinder und Familien

Mit Kindern ins Voralpenland zu reisen, muss nicht anstrengend sein. Denn rauf auf manche Berge kommt man dank Bergbahnen auch ganz ohne dabei einen Tropfen Schweiß zu vergießen. Es gibt Bauerndörfer, die man bequem mit Bus oder Bahn erreichen kann, Klammen und Schluchten, die trotz steiler Felsen, Wasserfälle und Kaskaden leicht zugänglich sind, und idyllische Bauernhöfe, auf denen Kinder abseits vom Straßenverkehr die Natur entdecken können (weitere Infos unter: https://erlebe.bayern/familienurlaub).

Freizeitparks: Beliebt sind der Märchen-Erlebnispark in Marquartstein (www.maerchenpark.de) und der Freizeitpark Ruhpolding (www.freizeitpark.by).

Notrufnummern

Polizei 110
Feuerwehr 112
Notarzt 112
Sperr-Notruf zentral für Kredit- und Bankkarten oder elektronische Zugangsberechtigungen 116 116
ADAC-Pannenhilfe 089 20 20 40 00 (vom Mobilfunk aus ohne Vorwahl: 22 22 22)
Telefonauskunft 1 18 33

Öffnungszeiten

Viele Seilbahnen und auch die Seenschifffahrt haben sogar in der Hochsaison in den Sommermonaten recht übersichtliche Betriebszeiten, die oft nur von 8.00/9.00 Uhr bis 16.00/17.00 Uhr reichen. Außerdem ist zu berücksichtigen, dass bei den Parkplätzen an den Seen oder Seilbahntalstationen die Parkscheinautomaten oft nur Münzen annehmen.

Reisezeit

Chiemgau und Berchtesgadener Land sind ganzjährig zu bereisen, weil sie auch für schlechtes Wetter einiges bieten. Im Allgemeinen ist die Zeit zwischen Ende April und Anfang Okt. wettermäßig recht sicher; zwischen Mai und Sept. geht man noch weniger Risiko ein. Ist Föhn, also ein Tag mit dem berühmten warmen Fallwind aus dem Süden, dann kann es sogar im Nov. kurzzeitig warm werden oder der Dez. mit stahlblauem Himmel locken.
Die **Temperaturunterschiede** zwischen Sommer und Winter sind enorm: 30 °C im Juli sind keine Seltenheit, -10 °C im Jan. aber auch nicht … Meist liegen die Temperaturen im Winter um 0 °C, im Frühjahr/Herbst um 10–15 °C und im Sommer zwischen 20–25 °C.
Über das **Bergwetter** informiert der Deutsche Alpenverein immer aktuell im Internet auf www.alpenverein.de.

Sport

Der Chiemgau und das Berchtesgadener Land bieten eine Vielzahl an Möglichkeiten, sich sportlich zu betätigen. Man kann wandern und bergsteigen, Rad fahren und mountainbiken, segeln und surfen, Gleitschirm fliegen und Ballon fahren, raften und reiten sowie im Winter skifahren, langlaufen und rodeln. Empfehlungen finden sich in den Info-Teilen der jeweiligen Kapitel. Für Golfspieler ist die Chiemsee Golfcard interessant. Mit ihr bezahlt man ein ermäßigtes Greenfee von 270 Euro auf vier Plätzen, die man aus 11 Plätzen auswählen kann (www.golfcard-chiemsee.de).

Geschichte

10 000 v. Chr.: Der Chiemsee entsteht durch Gletscher-Ausschürfung. Er hat zu dieser Zeit etwa die dreifache Größe gegenüber heute.
Bis 500 v. Chr.: Kelten wandern ins Alpenvorland ein.
15 v. Chr.: Römer besetzen das Gebiet.
7. Jh.: Irische und schottische Mönche christianisieren das Land.
8. Jh.: Auf Frauen- und Herrenchiemsee werden Benediktinerklöster gegründet.
788: Das heutige Bayern wird ins karolingische Frankenreich integriert; Karl der Große entmachtet Tassilo III.
1070: Bayern kommt an die Welfen.
1180: Bayern geht an die Wittelsbacher.
1275: Chiemgau und Traunstein kommen unter die Obhut der Salzburger Fürstbischöfe.
1314: Ludwig IV., bislang Herzog von Bayern, wird Deutscher König. Bayern wird zur Großmacht in Europa. Ludwig IV. stirbt 1347.
1392: Bayerns Großmachtstellung ist am Ende. Bayern wird in die Herzogtümer München, Ingolstadt und Landshut aufgeteilt.
16. Jh.: Die Wittelsbacher widersetzen sich der Reformation und erhalten den Katholizismus in Bayern. München entwickelt sich zu einem Zentrum der Renaissance und der Gegenreformation.
1587: Der Salzhandel wird verstaatlicht und zur lukrativen Einnahmequelle für die Bayernherzöge; bis 1619 wird die Soleleitung von Reichenhall nach Traunstein erbaut.
1618–1648: Bayern leidet schwer unter dem Dreißigjährigen Krieg.
1701–1714: Bayern wird wegen eigener Ansprüche in den Spanischen Erbfolgekrieg verwickelt und dann von Österreich besetzt.
1777: Mit Maximilian III., Kurfürst von Bayern, stirbt der letzte bayerische Wittelsbacher.
1786: Das erste Alpen-Sole-Wannenbad wird verabreicht. Es war Teil der Dienstverträge der Salinenarbeiter, sozusagen erstes betriebliches Gesundheitsmanagement.
1803–1815: Bayern verbündet sich mit Napoleon und wird 1806 Königreich mit Maximilian I. als König.
1810: Die Soleleitung von Reichenhall nach Traunstein wird bis Rosenheim verlängert.
1825: König Maximilian I. stirbt. Ludwig I. wird sein Nachfolger.
1828: Künstler aus München gründen die Künstlerkolonie auf der Fraueninsel. Ein erster Meilenstein für den Fremdenverkehr.
1848: König Maximilian II. übernimmt die Krone nach der Abdankung seines Vaters wegen dessen Affäre mit Lola Montez.
1854: Das erste Personendampfschiff nimmt auf dem Chiemsee den Fahrbetrieb auf.
1860: Die Eisenbahnstrecke München–Traunstein–Salzburg wird eröffnet.
1864: König Maximilian II. stirbt. Ludwig II. wird sein Nachfolger.
1866: Bayern verliert an der Seite des Deutschen Bundes und damit Österreichs den Krieg gegen Preußen.
1873: Ludwig II. kauft die Chiemseeinsel Herrenwörth und beginnt dort 1878 mit den Bauarbeiten an Schloss Herrenchiemsee. 1885 werden sie wegen Geldmangels eingestellt.
1886: Prinzregent Luitpold übernimmt für seinen entmündigten Neffen Ludwig II. die Regierungsgeschäfte.
1890: Reichenhall erhält von Prinzregent Luitpold von Bayern den Titel »Bad«.
1912: Schließung der Saline in Traunstein.
1913: Ludwig III. wird zum König gekrönt.
1914–1918: Erster Weltkrieg.
1918: Novemberrevolution. König Ludwig III. verlässt Bayern, die Monarchie ist abgeschafft.
1919: Die Münchner Räterepublik wird ausgerufen und kurz danach zerschlagen.
1933: Machtergreifung der Nationalsozialisten unter Adolf Hitler.
1936: Olympische Winterspiele in Garmisch-Partenkirchen.
1939–1945: Zweiter Weltkrieg. Nach dessen Ende besetzen US-Truppen Oberbayern.
1946: München wird Hauptstadt des Freistaats Bayern.
1957: München hat 1 Mio. Einwohner.
1972: Olympische Sommerspiele in München.
1989: Die Chiemsee-Ringkanalisation nimmt ihren Betrieb auf.
2011: Einweihung der Inzeller Eisschnelllaufbahn und -halle.
2013: Das Jahrhunderthochwasser am Chiemsee steigt 168 cm über den normalen Wert.
2015: Inzell ist Austragungsort des Eisschnelllauf-Weltcups; am Königssee wird der Bob-Weltcup ausgerichtet.
2016: Im Februar ereignet sich ein schweres Zugunglück bei Bad Aibling mit 11 Toten und über 100 Verletzten.
2020/2021: Während der Corona-Epidemie kommt es zu erheblichen Einschränkungen des öffentlichen Lebens.
2023: Das 1999 eröffnete NS-Dokumentationszentrum am Obersalzberg wird umgestaltet und erhält einen Erweiterungsbau. Die Wiedereröffnung der Dauerausstellung erfolgt Ende September.

Sprache

Hier wird – natürlich – Bayerisch gesprochen. Da kann ein Wörterbuch ganz hilfreich sein: www.bayrisches-woerterbuch.de.

Unterkunft

Hotels: Neuerdings ergänzen junge Hotels mit frischem Design wie das »Kempinski Berchtesgaden« am Obersalzberg, das »Gut Ising« am Chiemsee, das »Hotel Edelweiss« in Berchtesgaden, das »Explorer Hotel« am Königssee und das »Gut Edermann« im Rupertiwinkel das Angebot von Gasthöfen und Pensionen. Hotelempfehlungen auf den Info-Seiten.
Jugendherbergen: In allen Regionen des Chiemgaus und des Berchtesgadener Landes finden sich Jugendherbergen. Informationen im Internet unter: www.jugendherberge.de.
Urlaub auf dem Bauernhof: Das bedeutet schon mal echte, frische Kuhmilch statt wie im Hotel Tetrapackmilch zum Frühstück … Heutzutage sind dessen ungeachtet die meisten Fremdenzimmer in einem Bauernhof auf modernem Stand. Trotz vieler Tiere, ein wenig Stallgeruch und dem Leben inmitten der Natur muss man meist nicht mehr auf TV und Bad im Zimmer verzichten. Eine Übersicht gemeldeter Anbieter von Urlaub auf dem Bauernhof, integriert in eine interaktive Karte, findet sich im Internet auf www.blauergockel.de.

Preiskategorien

€€€€	Doppelzimmer	ab 200 €
€€€	Doppelzimmer	150 – 200 €
€€	Doppelzimmer	100 – 150 €
€	Doppelzimmer	bis 100 €

Unterwegs vor Ort

Nicht nur mit dem eigenen Auto, auch mit öffentlichen Verkehrsmitteln lassen sich viele Ziele in der Region erreichen.

Mit dem Bus: Zahlreiche Verbindungen in der Region. Informationen zu Busfahrten mit Zielen im Chiemgau und dem Berchtesgadener Land gibt es auf www.dbregiobus-bayern.de.
Mit dem Zug: Informationen zu Fahrten im Chiemgau und im Berchtesgadener Land gibt es im Internet unter https://bahnland-bayern.de/de/. Interessant, besonders für Familien, ist das Bayern-Ticket: Bis zu 5 Personen reisen damit einen ganzen Tag (je nach Personenzahl ab 27 € in der 2. Klasse), gültig in allen Nahverkehrszügen, Verkehrsverbünden und in zahlreichen Bussen (www.bahn.de).

Währung

Mancherorts zahlen Kunden, die die regionale Wirtschaft stärken wollen, mit einer Regionalwährung. In Deutschland ist der **Chiemgauer** die größte Regiowährung (Landkreise Rosenheim und Traunstein). Das Berchtesgadener Land hat den **Sterntaler.** Der **Wechselkurs** zum Euro ist 1:1, man sollte das Regiogeld jedoch binnen weniger Monate aufbrauchen.

REGISTER

Impressum

4. Auflage 2024
© DuMont Reiseverlag, Ostfildern

Verlag: DuMont Reiseverlag, Postfach 3151, 73751 Ostfildern, Tel. 0711/45 02-0, Fax 0711/4502-135, www.dumontreise.de
Geschäftsführer(in): Dr. Stephanie Mair-Huydts, Markus Schneider
Programmleitung: Andrea Wurth
Redaktion: Robert Fischer (www.vrb-muenchen.de)
Text: Margit Kohl, München
Exklusiv-Fotografie: Christian Bäck, Großweil
Titelbild: mauritius images/ClickAlps/Stefano Termanini (Maria Gern)
Zusätzliches Bildmaterial: S. 41 l. Prien_Marketing_GmbH, 41 r. Margit Kohl, 42/43 Lookphotos/Andreas Strauß, 54 Rehlegg/Kathrin_Thoma-Bregar, 55 o. Kempinski-Hotel-Berchtesgaden, 55 u. Das Achental/Christopher Busch, 59 Relais_&_Châteaux_Gut_Steinbach_Hotel_und_Chalets, 75 Hans-Bernhard Huber/laif, 79 l./r. Grassl/Peter_von_Felbert, 107 r. Berchtesgadener Land Tourismus/Thomas Kujat, 120/121 (6) Margit Kohl
© Bayerische Schlösserverwaltung www.schloesser.bayern.de 2023 (S. 4 u., 6/7 u., 12/13, 20/21, 24/25, 26 [3 x], 27 [2 x], 28, 30 o., 31, 32 u., 33 o., 34 o. und Mitte l., 35, 36, 37 [2 x], 40 o. l. und u.r., 64 [3 x], 90 l., 90/91, 91 l. o., 91 M. u., 115 u.)
© VG Bild-Kunst, Bonn 2023: S. 16/17
© Estate of Dan Flavin/VG Bild-Kunst, Bonn 2023: S. 87
Grafische Konzeption, Art Direktion: fpm factor product münchen
Cover Gestaltung und Layout: CYCLUS · Visuelle Kommunikation, Stuttgart
Kartografie: © MAIRDUMONT GmbH & Co. KG, Ostfildern
Kartografie Lawall (Karten für »Unsere Favoriten«)

DuMont Bildarchiv: Marco-Polo-Straße 1, 73760 Ostfildern, Tel. 0711/4502-0, bildarchiv@mairdumont.com

 Erscheinungsweise: vierteljährlich.

Anzeigenvermarktung: MAIRDUMONT MEDIA, Tel. 0711/4502-0, media@mairdumont.com, http://media.mairdumont.com
Vertrieb Zeitschriftenhandel: PARTNER Medienservices GmbH, Postfach 810420, 70521 Stuttgart, Tel. 0711/7252-212
Vertrieb Abonnement: Leserservice DuMont Bildatlas, Zenit Pressevertrieb GmbH, Postfach 810640, 70523 Stuttgart, Tel. 0711/7252-265, dumontreise@zenit-presse.de
Vertrieb Buchhandel und Einzelhefte: MAIRDUMONT GmbH & Co KG, Marco-Polo-Straße 1, 73760 Ostfildern, Tel. 0711/4502-0
Reproduktionen: PPP Pre Print Partner GmbH & Co. KG, Köln
Printed in Germany

Urlaub erinnern…

Jeder Urlaub geht einmal zu Ende – was bleibt, sind die Mitbringsel, aber auch die Erinnerungen an Land und Leute, an Aromen und Düfte und an manche Kuriosität.

AUS DEN TIEFEN DER ALPEN

Natürlich, regional und traditionell: Die Alpensaline Bad Reichenhall knüpft an eine jahrhundertealte Tradition der Salzherstellung an. Die Salze werden aus den Tiefen der Alpen aus reiner Natursole gewonnen und enthalten keine künstlichen Zusätze. Der hohe Gehalt an wertvollen Mineralien bereichert nicht nur Gourmetsalze, sondern auch Pflegeprodukte (www.bad-reichenhaller-shop.de).

MALER IM ZAUBERWALD

In der Ramsau führt der Malerweg durch den sagenumwobenen Zauberwald zum Hintersee. An von Malern im 19. Jahrhundert bevorzugten Standorten kann man ihre Motive anhand von Schautafeln mit den Gemälden vergleichen. Bei dieser Kulisse wird man vielleicht sogar selbst zum Künstler – z. B. mit Block, Leinwand oder Kamera (www.berchtesgaden.de/wandern/see-klamm-wanderungen/ramsauer-malerweg).

LASS ES RAUS!

»Hätt i di, hob i di, äh du li ri ja.« – Jodeln ist eine Kunst, und wer es richtig lernen will, der darf sich auch nicht scheuen, ungewöhnliche Laute auszustoßen. In den Chiemgauer Bergen lässt sich die Kunst des bayerischen Gebirgsrufs erlernen und gleich auf dem nächsten Gipfel ausprobieren. Nur Mut!

ARSCHPFEIFENRÖSSL

Als Holzschmuck ziert so ein Arschpfeifenrössl, ein Pferdchen mit Pfeife am Hinterteil, manchen Christbaum. Das Holzspielzeug gehört zur sogenannten Berchtesgadener War, die noch nach alter Tradition in Handarbeit gefertigt und bemalt wird. Auch einfach verzierte Spanschachteln und Haushaltsgeräte gehören dazu, die früher von armen Bauern im Winter als Nebenerwerb hergestellt wurden.

MEHR ALS NUR BIER

Bierstile aus aller Welt wie Ale, Stout und Porter dürfen auch in Oberbayern nicht fehlen. Vor allem die Craft-Beer-Szene um die »Camba Bavaria Brauerei« in Seeon-Seebruck lebt die große Biervielfalt – mehr als 250 Sorten gab es schon im Sortiment (Versand innerhalb Europas www.camba-bavaria.de).